الفلسفه

by Joseph Eshoo BahriBek

سقراط

Arbic.

Some words in English.

بحري بك

J.E.B

PHILOSOPHY

Cover Design: J.E.B

مصمم الغلاف: جوزيف إيشو بحري بك

PHILOSOPHY

JOSEPH BAHRIBEK

ARPress
ILLUMINATING IDEAS,
EMPOWERING VOICES

ARPress
45 Dan Road Suite 5
Canton MA 02021

Hotline: 1(888) 821-0229
Fax: 1(508) 545-7580

Ordering Information:

Quantity sales. Special discounts are available on quantity purchases by corporations, associations, and others. For details, contact the publisher at the address above.

Printed in the United States of America.

ISBN-13:

Paperback   979-8-89389-274-1

Library of Congress Control Number: 2024907674

أنا مؤلف (جوزيف خوري بطرس) أنا عراقي ومفخور به بلد الجنة كانت فيها بلد الحضارات يحيى العراق

I'm Joseph the Author I'm Iraqi born I'm proud to be IRAQI. Iraq it was Was the paradise before there * and the first the civilization It was there * J*E*3*

مقدمه

Introduction

هلو يا أعزائي الكرام (السلام عليكم ورحمة الله وبركاته)

سلام على الأرض

بدأت في كتابه هذا الكتاب الفلسفه كي أهدي

وأقدمه لكم يا أحبابي الكرام سيعجبكم هذا الكتاب في قرائته

(المدون في اللغه العربيه) خصوصا المحبين في

قرائة في اللغه العربيه الجميله حيث أيضا"

دونته أقوالي وحكمي التي تليق الفلسفه

كالفلاسفه الاخرين، ستتعرفون على بعض

الفلاسفه من أقوالهم وحكمهم الفلسفيه

*ج*١*ب*

Hi my Dears (my peace blessing and mercy GOD be upon you)

peace on Earth

I start Writing this philosophy Book is my Gifte for you my Beloved one, you Will Like it, this Book (Been Written in Arbic) Special Who Love Read it in peautiful Arbic Language and Also I Writting Some my Words on my phlosophy, As the phlosophers, And Also you Will Konwing Some of the philosphers From There Words on pheLosophy.

Sat! Nov-18-2023

Joseph Botros

1- ماهو أفضل وسط موصل للتيار الكهربائي؟ الماء والملح
2- ما اسم الكوكب الذي يحتوي على بقعة حمراء كبيرة؟ كوكب المشتري
3- ماهي القبيلة التي حاولت كانت بهدم الكعبة؟ الأحباش
4- ماهو الشيء الذي يخترق الماء دون أن يبتل؟ أشعة الشمس
5- من هو النبي الذي لم يمر من مرحلة الطفولة؟ آدم
6- ماهو الهرمون الذي إذا ازداد عن حده يؤدي لموت الإنسان؟ الأدرينالين
7- من هو أول نبي سيفتح له باب الجنة؟ نبي محمد
8- ماهو اسم الجبل الذي نادى منه الرسول ﷺ قبائل العرب ليدعوهم؟ جبل الصفا
9- من هو النبي الذي يعرض زوجته يوم القيامة؟ لوط
10- ماهي الدولة العربية التي تشتهر بختان النساء؟ دولة مصر
11- ماهو المخلوق الذي يصيب الإنسان بالعين؟ الجن
12- ماهو حكم الوضوء من ماء البحر؟ يجوز
13- ماهو أول ما يأكله أهل الجنة؟ كبد الحوت عند الإمام
14- هل يوجد حمل وولادة في الجنة؟ لا يوجد
15- ماهو النبات الذي تدهن به قلبك [illegible] يوحش القدم ويجمله وأقف وصلب كالحديد؟ زيت الفول الشمس
16- ماهو الصحابي الذي ولد في جوف الكعبة؟ حكيم ابن حزام
17- ماهو النبي الذي أنزلت له مائدة من السماء؟ عيسى
18- ماهو النبي الذي كان يصنع دروع الحرب؟ داوود

19- ما حكم لعق الرجل لجسد زوجته كاملاً؟ يجوز
20- هل يجوز فطام الرضيع قبل عامين؟ يجوز
21- ما حكم ارتداء الواقي الذكري؟ مكروه
22- حد الزاني والزانية الغير متزوجين؟ 100 جلدة
23- حد الزاني والزانية الغير متزوجين؟ الرجم حتى الموت
24- ما الحكم الشرعي في كلام الحب والغزل بين المخطوبين؟ لا يجوز شرعا

25- هل يجوز للزوج تغسيل زوجته بعد موتها؟ يجوز

26- ما حكم صياح أثناء الجماع؟ يجوز

27- ما هي عدة الحامل؟ حتى تضع حملها

28- هل يجوز تقبيل الزوجة بعد عقد القران مباشرة وقبل الزفاف؟ يجوز شرعياً

29- هل يجوز الحلف بالنبي؟ لا يجوز

30- ما حكم الجماع بين الزوجين وهما عاريان تماماً؟ يجوز

31- حكم بناء المساجد من أموال الزكاة؟ لا يجوز

32- هل يجوز الزواج من الزوجة الأم بعد الطلاق؟ يجوز

33- كم تبلغ عدة المرأة الأرملة؟ 4 أشهر و10 أيام

34- ما حكم النظر إلى فرج الزوجة؟ يجوز

35- حكم الوضوء داخل دورة المياه؟ يجوز

36- هل يجوز للزوجين مشاهدة المقاطع والصور الإباحية بغرض الإثارة؟ حرام ولا يجوز

37- ما حكم الوشم في الإسلام؟ لا يجوز

38- حكم صعود الزوجة فوق الزوج أثناء الجماع؟ يجوز

39- ما حكم العادة السرية؟ لا يجوز

40- هل شرب الماء بعد الجماع مباشرة له أضرار صحية؟ لا يوجد أضرار

41- هل يجوز حرمان الابن العاق من الميراث؟ لا يجوز

42- هل تقبيل الزوجة ينقض الوضوء؟ لا ينقض الوضوء

43- ما هو حكم إخراج الريح بصوت عالي أمام الزوجة؟ إذا دعت الضرورة فلا حرج

44- في أي عمر تبدأ قوة الرجل في الانهيار؟ بعد الثمانينات

45- هل كثرة إطلاق الريح تطيل العمر؟ نعم حسب دراسة بريطانية

46- ما هو أعلى جسر في العالم؟ نهر اليابانية

47- ما هو الشيء الذي إذا ذهب من الفم الإنسان فلن يستطيع تذوق طعامه؟ اللعاب

48 ماهي أغلى أنواع التوابل في العالم؟ الزعفران

49 * ماذا تعني كلمة أغسطس؟ العظيم

50 هل رجل الأعمى يحلم؟ نعم يحلم

51 ماهي الدولة التي سجون البلاد الخالية من الحبس؟ اليابان

52 ماهي الدولة العربية الخالية من الصحراء؟ لبنان

53 ماهو الحيوان الذي يقضي 90% من حياته وهو نائم؟ حيوان كوالا

54 * ماهو أصل كلمة شهرزاد وماذا تعني؟ أصلها فارسي وتعني بنت ..

55 كم كانت مدة حمل مريم بعيسى عليه السلام؟ تسعة أشهر

56 من الذي صنع عجلاً ليعبدوا اليهود؟ السامري

57 ماهو جزء في جسم الإنسان الذي ينتج الكهرباء؟ الدماغ

58 ما الذي يجب على الرجل تناوله قبل ليلة الدخلة؟ اللحوم والمكسرات

59 ماهي أكثر لغة من حيث الكلمات؟ اللغة الإنكليزية

---

60 ماهو أغلى وأهم عضو في جسم الإنسان؟ العين

61 ماهو النبي ذو الكفل عليه السلام؟ سيدنا أيوب

62 من هو أول من حفر آبار زمزم؟ قصي بن كلاب

63 ماهي أفضل فاكهة الرجال؟ البطيخ

64 ماهي أجمل حركة تحبها المرأة من زوجها؟ الأحتضان

65 كم عدد أيام التي قضاها يوسف في البئر؟ ثلاثة أيام

66 كم عدد صمامات القلب؟ 4 صمامات

67 ماهي أكثر مكان يجعل المرأة ترتعش أثناء التقبيل تقبيل؟ العنق

68 ماهو الكائن الوحيد

69 لا يتحرك من مكانه أبداً؟ المرجان

70 من هم الذين لا يموتون ولا يصعقون إذا نفخ في الصور؟ جبرائيل وميكائيل وإسرافيل وعزرائيل وسكان الجنة من الحور العين

71

71 ماهو الحيوان الذي لا ينام منذ ولادته حتى وفاته؟ هو سمك القرش

72 ماهي أضعف حاسة عند الطفل؟ الشم

73 ماهو العضو الذي لا يصاب بالسرطان في جسم الإنسان؟ القلب

74- لماذا سمي يوم الجمعة بهذا الاسم ؟ لأن الناس يجتمعون فيه.

75- ماهو الحيوان الذي لسانه أطول من جسمه ؟ الحرباء.

76- من هم الذين يكون الله معهم ؟ إن الله مع الصابرين

77- ماهو أفضل عضو للرجل ؟ عضو الجنس

78- هل تفقد جميع نساء الرغبة الجنسية عند وصولها سن اليأس ؟ لا تفقدها كلية بل تقل تدريجيا

79- كم وقت من الزمن تحتاج أشعة الشمس لتصل إلى الأرض ؟ ثمانية دقائق

80- ماهو الكائن الذي تملك الأنثى منه الحيض ؟ القرش البري

81- ماهو الفرق بين السماء والسماء في الحجم 611ع ؟ السماء تكون أكثر تخوفا

82- من المرأة العربية التي مارس عليها ((الجنس)) 1400 رجال في اليوم ؟ الممثلة الإباحية ((بيا سباركس من التونس

83- كم عدد كم يبلغ عدد العظام في جسم الإنسان ؟ 206 عظمة

84- على ماذا يطلق مصطلح الذهب الأسود ؟ البترول

85- ماهو الحيوان الذي يكون لحمه من الداخل وعظمه من الخارج ؟ هو حيوان السلحفاة

86- ماهو الشيء الذي يكون لحمه من خارج وشعره من الداخل ؟ الأنف الإنسان

87- إذا كانت المرأة تعشق الظلام أثناء الممارسة فاعلم أنها ؟ كثيرة الخجل التي بالك

88- ماهو اسم الهرمون الذي يزداد عند تبادل بين الأزواج ؟ هرمون السوستيرون

89- ماهي الأطعمة التي تضعف قلم الرجل وتضعف رغبته ؟ مايونيس والأغذية حامضة

90- إذا رأيت امرأة تغمض عينيها كثيرا أثناء علاقة ؟ فاعلم أنها كثيرة رومانسية

91- إذا كانت امرأة سمينة فاعلم أنها ؟ لا تشبع بممارسة الجماع

92 * ما الدولة التي تقدم نساؤها عريانا كهدايا للضيوف؟ نامبيا

93 ما هي البلد التي حدثت فيها أكبر مجاعة في العالم؟ حدثت في الصين

94 ما هي أصغر عظمة موجودة في جسم الإنسان؟ عظمة الأذن.

---

95 ما هو الحيوان الذي سيدخل النار؟ الثعبان

96 * من هو الصحابي الذي شرب دم الرسول؟ الزبير بن العوام

97 * ما هي الشجرة التي أنبتها الله من غير الطين ولا ماء؟ شجرة اليقطين

98 من هو النبي الذي يحبه إبليس؟ موسى

99 ما هي اللغة التي كانت يتحدث بها آدم؟ السريانية

100 ما هي ديانة نبي محمد قبل نزول الوحي؟ الحنفية

101 * ما هي لغة المسيح الدجال؟ العبرية

102 * كم يوم يبقى المسيح الدجال في الأرض؟ 40 يوما

103 في أي دولة تابع القرآن الكريم لأول مرة؟ في أيطاليا

104 ما هي الدولة العربية الوحيدة التي نساها ضيقة الفرج؟ السودان

105 من الذي سمى الرسول باسم محمد؟ جده عبد المطلب

106 من هو الصحابي الذي تزوج أكثر من سبعين مرة؟ المغيرة بن شعبة

---

107 ما هو الأكل المفيد جدا للإنسان ويعطي طاقة هائلة؟ التمر

108 ما هو الحيوان الذي لا ينام طول فترة حياته؟ سمك القرش

109 ماذا قد يحدث للإنسان إذا عطس وعيناه مفتوحتان؟ قد تخرج من مكانها

110 من هو الذي عنده الكثير من الكلام ولكنه لا يتكلم أبدا؟ الكتاب

111 ما هو الذي يراه الناس في بعض الوقت ولا يراه الله؟ الحلم

112 ماذا كان اسم المدينة المنورة قبل يهاجر إليها الرسول؟ يثرب

113 ما هو الشيء الذي يزيد ولا ينقص؟ السن

114 في أي سن يجب على أهل توجيه أبنائهم للصلاة؟ سبع سنوات

115 النبي الذي كان يستطيع التحدث مع الحيوانات؟ نبي سليمان

116 ما هو المخلوق الذي بيته معاه أين ما يكون؟ السلحفات

---

117 من نبي تزوج 700 امرأة وثلاثمائة خادمة؟ نبي سليمان

118 كم عدد أضلاع القفص الصدري ؟ ٢٤ ضلع

119 ما هو الصوت الذي يحبه الرجل في المرأة ؟ الصوت الناعم

120 كم عدد الحروف العربية التي تحتوي على ثلاث نقاط ؟ حرفان

121 إذا رأيت المرأة تتردد دائماً بعد الزواج فاعلم أنها ؟ تشعر بالسعادة

122 ما هي قرية التي تسكنها النساء فقط ؟ قرية السماحة في مصر

123 ما هو سائل الأغلى في العالم ؟ سم العقرب

124 هل إعجاب الرجل للمرأة غريزة ؟ نعم بالتأكيد

125 ما هو الشيء الذي يسهل الدخول إليه ويصعب الخروج منه ؟ المشاكل

126 ما هي بعض أسباب تجعد البشرات ؟ الانتصاب الدائم

127 من هم سكان أصلي للولايات أمريكية ؟ الهنود الحمر

128 ما هي أكثر دولة عربية تتميز بوجود في صيد أسماك ؟ المغرب

129 ما هو الشيء الذي يمشي ويقف ولكن بدون أرجل ؟ الساعة

130 من هو النبي الذي تزوج ملكة ؟ الملك سليمان

131 ما هو أفضل وضع لتعريق المرأة ؟ الوضع الكلاسيكي

132 ثلاث صفات توجد في المرأة القصيرة فقط ؟ أجمل أم ليست مغرورة وأكثر حرارة

133 لماذا أغلب النساء يزيد وزنهم بعد الزواج ؟ لازدياد شهيتهم لتناول الطعام

134 ما هو شكل المرأة الذي يفضله الرجل ؟ شكل السمكة

135 ما هو أول تقع عليه عين الرجل في المرأة ؟ مفاتنها

136 ما هو أفضل طعام يحب الرجل والمرأة ؟ الزنجبيل وعسل

137 إذا كانت هذه العلامة في المرأة لا تتزوجها ؟ إذا كانت حراقة وبراقة شراقة

138 ما هي نقطة ضعف الرجل في المرأة ؟ مؤخرتها

139 لماذا يجب على الرجل أن يتزوج امرأة أصغر منه سناً ؟ لأن المرأة تشيخ بسرعة

140 زيت الفلق يحسن قلم رجل ؟ جيد

141 ما هو الرجل الذي لا تنساه المرأة ؟ من فتحها أول مرة

142 ما هو جمع مغناطيس ؟ مغانط

143 - ماهو الحيوان الذي لا يمرض ابداً ؟ سمك القرش.

144 - من يهدم الكعبه في آخر الزمان ؟ ذو السويقتين.

145 - كم طول المطر عند المرأه ؟ بحجم طول قلم الرجل ؟

146 - لماذا يفضل اغلب الرجال الجماع الصباحي ؟ لان قلم الرجل يكون كالحديد في صباح فما

147 - مصنوع من الحديد والكل راضٍ بحكمه ؟ ماهو ؟ الميزان

148 - ماهو الوزن المثالي الذي يحبه الرجل ؟ 70 كيلو

149 - ماهو الحيوان الذي لا يتزوج ويظل عاريا بمعروفات زوجته ؟

150 - من هي المرأه التي تتعب بسرعه أثناء الجماع ؟ نعلت المرأه النحيفه

151 - ماهي أسباب وقوف حلمتي المصدر المرأة عند الاثاره ؟ بحمل حلمات الثدي العديد من النهايات العصبيه.

---

152 - أيهما خلق أولاً الانس أم الجن ؟ الجن

153 - من هو الشخص الوحيد الذي قتله الرسول ؟ أبي بن خلف

154 - صحابيا له نبي بالجنه ولم يسجد لله سجده واحده ؟ عمر بن ثابت

155 - كم عدد زوجات الرسول ؟ 11 زوجه

156 - هل يجوز للرجل أن يتمتع بامرأه زنا بها ؟ يجوز

157 - هل يجوز للرجل منع زوجته من التواصل مع اهلها أو زيارتهم لهم ؟ لا يجوز.

158 - من هو النبي الذي كان يسبح معه الطير والجبال ؟ داود

159 - ماحكم الاكل والشرب في آنيه أنيه الذهب أو الفضه ؟ لا يجوز.

160 - ماهي أعظم فتنه الى قيام الساعه ؟ المرأه الرجال.

161 - هل يجوز بناء المساجد من الأموال الزكاه ؟ لا يجوز

162 - هل يجوز فطام الطفل قبل إتمام عامين ؟ يجوز

163 - ماهي الدوله العربيه التي تسمح للمرأة بالزواج من أخيه ؟ * مصر قديما في عهد الفراعنه *

164 - هل ينام الملائكه ؟ لا ينامون الملائكه *

165 - ما اسم الجبل الذي أنزل فيه الوحي على موسى ؟ جبل الطور.

أفلاطون .

٢٠٥؟ - ٢٧٠؟ م

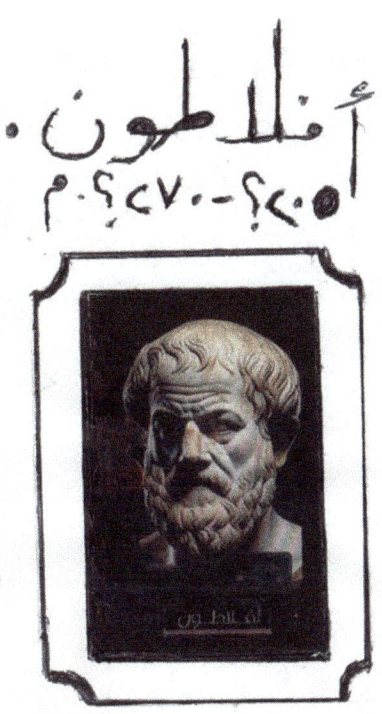

PLOtinus

C.S270-S205

الفيلسوف

الروماني

هل تعلم PLOTINUS

الفيلسوف أفلاطون وأهم أقواله في الحياة

* لا تطلب خدمة من أي شخص، إن لم تساعده ثلاثة مرات على الأقل قبل ذلك*

* إن أكثر يوجد أفضل من الكتب، ليعطيك أكبر حكمة*

* لا بأس في أن تكون أكثر كرماً من الآخرين، مهما سيتحسن شعورك حيال ذاتك*

* لا تقل نعم للجميع لتجعلهم مرتاحين، لا تفعل أي شيء، إلا إذا كنت مرتاحاً لذلك*

* إن كنت تبذل مجهوداً عظيماً، لتبقى في موقعك الحالي، فلن تتقدم أبداً*

* أحكم حياتك بعقلك، وليس بمشاعرك، فإن كل قرار سيء أتخذناه في الحياة، كان فيه عاطفة أكثر من العقل*

* توقف عن التفكير بطريقة سلبية، لا تقل لا أستطيع فعل ذلك، بل أعقد العزم على أن تنجز مهامك، وأنت متأكد من أنك تحصدها*

* تبرع بالأشياء التي لم تعد بحاجة إليها، مهذا سيساعد الآخرين، ويحسن من شعورك أتجاه نفسك*

* لا يريد الجميع رؤيتك ناجحاً، بل أن البعض، سيبذلون قصارى جهدهم، لرؤيتك فاشلاً*

* كثير من الناس يحبونك، خاصتاً بوجودك كمنافس لهم*

* لا تتورط في الندم، لا يوجد أحد مثالي، لا تطارد السعادة فقط كن إيجابياً وسوف تسعر بالفرح*

* أعرف قيمتك، ولا تضع نفسك أبداً في سلة المفقات، وإلا فلن يحترمك الآخرون*

* توقف عن القلق، بشأن ما يعتقده الآخرون، بصراحة من يبالي؟*

* الخوف من المستقبل، هو أحد أهم أعداء الحياة، فهو شعور مربك، ويمكن تجنبه إذا ما صدقنا أننا لا نملك من المستقبل، سوى الإرادة والحلم والتخطيط، ولا

تكملة الفيلسوف أفلاطون :

* إبق فمك مغلقاً، عندما تكون سعيداً، إبق فمك مغلقاً، عندما تكون حزيناً *

* لا تنسى أن أغلب الناس، ينجزون ما تدفع لهم مقابله، وليس ما تأمرهم به *

* تعلم أن تكون مكتفياً بذاتك، وأدرك بأنك بشر، لأنك ستبقى بشر لاحقاً، إذا لم تصبح مستقلاً، وواسع الحيلة *

* إن الأشخاص الذين لا يفكرون، هم الذين لا يستمعون إلى الآخرين *

* إن أكبر التحديات التي تواجهها يومياً، تتمحور حول ضبط نظرتك لذاتك، فإذا كانت دونية، فستهدر قدراتك، وإذا كنت معتداً بنفسك إلى درجة كبيرة جداً، ستهدر قدرات الآخرين *

* كن حذراً بشأن من تتزوج، وأكثر حذراً مع من تنجب أطفالاً

* الوقت يمر سريعاً، كن ممتناً دائماً، لأنه قد يكون دائماً أسوأ، عش كما لو أنه لا يوجد غد وافعل ما تحب *

* أعتنِ بنفسك وابتعد عن الأغبياء، لأن الغباء معدي *

* أبتعد من الكلمات السلبية التي ينطقها الناس، وأنفصل عنهم فوراً، فهذا سيوفر عليك الكثير من الألم، والأهم من ذلك، ضياع الوقت *

* من المهم أن نفصل بين الحب والإحترام، تذكر نعم الله علينا وحمده عليها، فذلك سيمنحنا طاقة جديدة نكمل بها حياتنا، متجاهلين أي حزن ناتج عن المشاكل التي تواجهنا *

* أنت لا تحتاج إلى المزيد من المال، أنت تحتاج للمزيد من المعنى والمغزى في حياتك *. كلما زاد التواصل والتفاعل بينك وبين الناس، زادت أهمية معتقداتك، لذلك أفعل الشيء الصحيح دائماً *

* تخلص من غيرتك من أصدقائك فوراً، ولا تشغل بالك بما كان مشرق في حياة الآخرين لأنهم أيضاً يعانون من نقصان شيء آخر تملكه أنت *

12 — A·

A-12-

الفيلسوف
مصطفى محمود

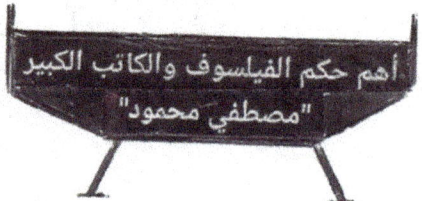

أهم حكم الفيلسوف والكاتب الكبير
"مصطفي محمود"

Mustafa Mahmood

J*E*B*

أهم حكم الفيلسوف والكاتب الحبيب مصطفى محمود

* الوجود المبتسم ، لا يعني اختفاء الأحزان ، بل يعني أن أصحابها قادرون على التعامل معها *

* الخوف من الفشل ، يترصد كل رغبة ليخنقها قبل أن تولد *

* لو كانت الأشياء المادية أهم من المعنوية ، لما دُفن الجسد في الأرض ، وصعدت الروح إلى السماء *

* من احترام ، من أشكال احترام الذات ، أن تبتعد عن أي شخص ، لا يقدر قيمتك *

* السعادة هي أن يقال إسمك في دعاء أحدهم كل يوم ، وأنت لا تشعر *

* الناس يغيرون وجوههم كل يوم ، فلا تبحث عن قيمتك في وجوه الناس *

* يقولون أن حياة الأعزب تعاسة وفشل ، هذه خرافة خلقها الأزواج ، لأنهم فشلوا في أن يكونوا عزابا ناجحين *

* إن لم يشترك الشباب في صنع الحياة ، فهناك آخرون سوف يجبرونهم على الحياة التي يصنعونها *

* قد يكون السعادة أحيانا ، في ترك الأشياء أكثر من الحصول عليها *

* أهم صفة في الإنسان ، أنه يقاوم ما يحب ، ويتحمل ما يكره *

* لا تحزن عند الصدمات ، فلولاها لبقينا مخدوعين مدة طويلة ، هي قاسية لكنها صادقة *

* لا أستطيع أن أكون شيئا آخر غير نفسي
أفضل أن أعيش حياة صغيرة أملكها ، على أن أعيش حياة كبيرة تملكني *

* ليس أن يكون الرزق مالا ، فقد يرزق الله بشخص يحمل عنك كثير *

* تكملة الفيلسوف والكاتب الكبير مصطفى محمود :

* تذكر أن شبابك هو أثمن كنز تملكه ، وأفضل ما في شبابك ما يعينك في شيخوختك ، فأنت لا تعرف الشيخوخة *

* الظنون السيئة ، فهناك أعاذنا الله أصحاب الظنون السيئة ، فهناك مسافة طويلة جداً بينهم وبين الراحة *

* هناك من يناضلون من أجل التحرر من العبودية ، وهناك من يناضلون بتحسين العبودية *

* المرأة كتاب عليك أن تقرأه بعقلك أولاً وتتصفحه دون النظر إلى الغلاف ، قبل أن تحكم على مضمونه *

* عندما يتحدث الناس عنك بسوء وأنت تعلم أنك لم تخطئ في حق أحد منهم ، تذكر أن تحمد الله الذي أشغلهم بك ، ولم يشغلك بهم *

* أن أخطر ما يهدد حريتنا ، ليس السجن ، ولكن مشنقة في داخلنا أسمها القلق *

* عش لنفسك إن تبسم لقلبك وأحزن لبعدك عن ربك وابكي على خطيئتك فلا أحد يستحقك إلا نفسك *

* حينما تبدأ تتكرر حواسك ، فقد بدأت قصة نقاء *

* يخافون على البنت من الدنيا ، ولا يخافون على الولد من الآخرة إذا هو مجتمع يخاف كلام الناس أكثر من خوفه من الله *

* الإنسان بحاجة دائماً للحظة غالية ، وهي لحظة أن ينفرد فيها بترتيب حياته ولا يسمح لأحد أن يقتحمها عليه *

* أن الدنيا كلها ليست سوى فصل واحد من رواية ، سوف تفقد وصولها ، فالموت ليس نهاية القصة ولكن بدايتها *

* حينما يدوس الرجل على المرأة ، يضعف ويصبح مثل طفلها ، والمرأة لا تحب الرجل الضعيف ، حتى لو كانت هي سبب ضعفه *

* ليس عيباً أن نكون فقراء ولكنها جريمة أن نكون متخلفين *

كلمات الفيلسوف والكاتب الكبير مصطفى محمود:

* حفظ المسافة في العلاقات الإنسانية مثل حفظ مسافة بين العربات أثناء السير، هي الوقاية الضرورية من المصادمات المهلكة *

* كل شيء يهون كما تهون المسافات الزمن يمشي على كل شيء *

* بالألم ومعالجته والصبر عليه ومجاهدته، تتفوق الشخصية وتزداد صلابة والإصرار ويصبح الإنسان شيئا آخر *

* صوت أمك في البيت أكبر نعمة تستحق أن تشهد الله عليها *

* أنا لا يهمني أن أحس بالجمال في امرأة تكذب مهما كانت باهرة وذكية، إن إحساسي بالكذب يقذفني ويجعل الجمال يبدو أمامي مثل الطلاء *

* ابحث عن إيمانك إذا كنت قلقا، وحينما تجد إيمانك ستجد نفسك *

* نحن مصنوعون من الفناء، ولا ندرك الأشياء إلا في لحظة فناءها *

سقراط

٤٧٠-٣٩٩ ق.م

399-470 B.C.

SOCRATES

J*E*B*

الفيلسوف يوناني

Greek philosophy

الأغريق

SOCRATES

سقراط (470-399) ق.م

* سقراط: أكثر الرجال حكمة في العصر القديم
* سقراط: مؤسس المنهج السقراطي في الفلسفة
* سقراط: ولد العام 470 قبل الميلاد
* سقراط: درس الموسيقى فاشتهر بذكائه وقوة ذاكرته.
* سقراط: عمل في النحت ثم تفرغ للفلسفة
* سقراط: أسس طريقة للتحقيق الفلسفي للوصول الى نتائج متماسكة
* سقراط: اشتهر بعلم الأخلاق.
* سقراط: حوارات أفلاطون أبرز مرجع عن سقراط
* سقراط: دعا الى نبذ الطبقية المجتمع

16

هل تعلم

تكمله سقراط (470 - 399) ق.م

* سقراط: تلاميذه أسسوا مدارس فلسفيه بعد موته

* سقراط: أتهم بالهرطقه وحكم عليه بالموت العام 399 قبل الميلاد.

* سقراط: خلد موت سقراط بلوحه تعد أشهر في العالم

* سقراط "من أصح فكره أتاه الإلهام ومن دام أجتهاده أتاه التوفيق"

علماء غيروا التاريخ

علماء غيروا التاريخ (سقراط: الفيلسوف الحكيم

أرسطو
٣٨٤-٣٢٢ ق.م

أرسطو

322 - 384 B.C.

Arstotle

الفيلسوف يوناني

Greek philosophy.

الأغريق.

* الحكمة القوية هي التي تجعلنا نتعلم * التوازن هو مفتاح حياة
والسعادة في الحياة.
* العمل الجاد هو يحقق النجاح والتقدم في أي مجال
* التغير ليس مرفوضا بل هو جزء أساسي من الحياة والتطور
* الحقيقة لا تخشى النقاش بل تستفيد منها لتطور
وتتحسن.
* الحكمة هي أن تستخدم العقل في توجيه الشهوات
والاندفاعات البشرية نحو الخير
* الجمال الحقيقي هو ما يبقى مع الإنسان بعد انتهاء
الشباب وتلاشي الجاذبية الخارجية
* القلق هو ثمن الحرية * العقل السليم هو الذي يتمتع
بالتوازن والاعتدال في كل شيء
* العدالة تتطلب أن يعامل الأشخاص بنفس المعايير
التي ترغب أن يعاملوا بها. * التعلم ليس مجرد اكتساب
المعرفة. * بل هو تطوير القدرة على التحليل
* الرضى بما نملك وعدم الالتفات إلى ما نفقده
* القوة الحقيقية للإنسان تكمن في قدرته على التحكم في نفسه
* الحكمة هي أن تعرف متى تتكلم وتقبل ما لا يمكن تغييرها.
* المعرفة الحقيقية تكمن في الاعتراف بأننا لا نعلم كل شيء
* الحب هو أعظم قوة في الحياة فهو يجمع القلوب ويعزز
الروابط * الحياة ليست مجرد التنفس بل هي القيام بأعمال
الصالحة وتحقيق الغايات النبيلة وتحدي تحديات
دون الخوف. * التسامح هو جسر يجمع بين الأفراد ويبني
السلام في المجتمعات * الفلسفة هي صياغة تنير طريقنا وتزيدنا
من الحكمة والفهم.. * التواضع هو الفضيلة التي تقدر الآخرين
ونتعلم منهم * الأمل هو قوة التي تدفعنا للتغلب على الصعاب
وتحقيق الأهداف * الإبداع هو أن ترى العالم بعيون جديدة
وأن تجد حلولا غير تقليدية للمشاكل * الحقيقة لا تتغير بتغير
الظروف فهي ثابتة وثابتة الحكمة هي أن تعيش حياة وتسعى
لتوازن في كل

تكملة الفيلسوف أرسطو

* السعادة هي الهدف الأخير للإنسان ، فإن كل ما نقوم به يهدف إلى تحقيق السعادة * التعلم هو أفضل ممتلكات يمكن أن يحصل عليها الإنسان فهو يمنحنا القدرة على التفكير والتنمية

* الصداقة هي قوة تجمع بين الناس وتجعل الحياة أكثر جمالاً ، ومعنى الجمال هو ما يثير النفوس ويمنحنا شعوراً بالإلهام والتأمل

* العدل هو أساس الاستقرار في المجتمع وضمان تعايش الناس بسلام

* الموسيقى هي لغة الأرواح ، فهي تعبر عن الأشياء بطرق لا يمكن للكلمات أن الأخلاق هي العادات والمبادئ تشكل شخصية الإنسان وتوجه تصرفاته

* الحكمة هي معرفة الأشياء كما هي حقاً والقدرة على تطبيق هذه المعرفة في الحياة

* الشجاعة هي التصرف بالقوة والثبات في وجه التحديات والمخاطر السيطرة على النفس هي أساس والتحكم في العواطف والرغبات

* العلم ليس مجرد معرفة الحقائق بل هو القدرة على تطبيق هذه المعرفة لتحقيق الخير والتقدم

* الأمة الناجحة هي التي تهتم بتعليم شبابها وتنمية قدراتهم

* المرأة هي نصف المجتمع وبدون مشاركتها الفعالية لن يمكن تحقيق التقدم والازدهار

* الحقيقة هي ما تكشفه الحقائق والأدلة وهي أساس لبناء المعرفة وحقائق الصائبة .

* التواضع هو مفتاح الحكمة

تكملة الفيلسوف أرسطو

* النجاح ليس في جمع الثروات بل في التطور والتحسين الذاتي
* العقل الذي لا يتساءل لا يتعلم ولا يتقدم
* الحكمة هي ان تعرف أنك لا الانسان الحكيم يتعلم من تجارب الاخرين ولا يضيع وقته في تكرار الاخطاء
* الاعتدال هو مفتاح الحكمة
* فلا تميل الى الشدة ولا الى التساهل
* المعرفة الحقيقية تأتي من التفكير والتجربة وليس من الأقوال والعقائد المفروضة
* الحقيقة هي النور الذي ينير
* درب الحياة ويزيل الظلام
* الفضيلة هي التي تعبر عن ذلك تعيش الناس بأقوالهم بل بأفعالهم
* الصبر هو صديق الحكماء وعدو الجهود
* العقل الذي يبحث عن الجواب لا يكون مقيداً بالتقاليد والعادات
* التعليم هو أساس الحرية
* الانسان هو مخلوق سياسي بطبيعته
* الصداقة هي نوع من النظام الاجتماعي الطبيعي
* الشجاعة ليست غياب الخوف بل هي التغلب عليه
* الموسيقى هي تعبير عن الروح الجميلة ولغة العواطف
* النجاح ليس هدف يمكن تحقيقه بمفردك بل يحتاج الى تعاون الاخرين
* السعادة هي نتيجة لفعل الخير وممارسة الفضيلة
* العقل الحر هو الذي يستنير بالمعرفة ويسعى لتحقيق حقيقة النجاح والازدهار * الاخلاق هي العادات التي تشكل شخصية الانسان * العلم لا يكتسب من خلال القراءة فقط بل يحتاج الى التجربة والممارسة * الحقيقة لا تكون واضحة دائما ولكنها تستحق السعي الدؤوب لاكتشافها

21 Arstotle أعظم أقوال وحكم للفيلسوف أرسطو 20 ٢١

الفيلسوف أرسطو

* الجمال هو الوجه الأرقى للكياسة
* السعادة ليست في التملك بل في الإسهام
* التعليم ليس ملىء الجرار وإنما اشعال النار
* الأصدقاء هم المساعدون على الحياة فلا تقدر منهم ثروتهم بل بصدقهم
* الغضب هو العدو الأكبر للعقل السليم
* الهدف النبيل للفيلسوف هو الحكمة وتوجيه الناس نحو الحكمة وهي معرفة العقل معاً وتوازن بين العقل والشهوات
* العقل السليم هو الذي يستطيع أن يرى الجمال في كل شيء.
* الصداقة هي نوع من الحب الذي يتشكل بين الأرواح الطبيعية التفكير والتصرف الحكيم بها

بنيامين
فرنكلين

BINIAMIN
FRANKLIN .

BINIAMIN -

بنجامين فرانكلين

أقوال بنيامين فرانكلين

* أحب أعدائك لأنهم يخبرونك بأخطائك
* من يتحلى بالصبر يمكنه أن يحصل على ما يريد.
* الأدب هو أفضل سادة
* تعلموا النملة دون أن تنطق بكلمة.
* إذا كنت تحب الحياة فلا تضيع الوقت لأن الحياة مصنوعة من الوقت
* عند اختبار عمق الماء لا تفعل ذلك أبداً بقدميك.
* يمكن أن تكون سعيداً وحاسداً بنفس الوقت.
* الشيء الوحيد الذي كلفه من التعليم هو الجهل.
* كل لتعيش ولا تعيش لتأكل
* نصف الحقيقة كذبة كبيرة
* الله يشفي والطبيب يأخذ الأجرة
* لا تخلط أبداً بين الفعل والحركة
* من عاش بالأمل مات صائماً
* حيث تكون الحرية يكون الوطن
* يمكن الشفاء من زلة القدم لكن من الممكن أن لا تشفى من زلة اللسان
* معظم الناس يموتون عند الخامسة وعشرين ويدفنون عند الخامسة وسبعين.
* الشعراء هم الذين وضعوا أسس الحضارة.
* البطالة أشد فتكاً من الصدأ.
* الطمع يجعل الأغنياء فقراء
* عندما تشتري الثوب فأنت أشتريت
* لا تطلع عمرك قلل وحبات طعامك
* من يتخلى عن حريته خوفاً على أمنه لا يستحق حريته ولا أمناً.

تكملة بنيامين صفحة 24 ع>

تكملة البنيامين فرنكلين

* لقد ولدنا جميعاً أغبياء لكن عليك أن تتعلم وتعمل بجد كي لا تبقى غبياً
* أن تكون جاهلاً ليس عيباً قدر عيب عدم رغبتك بالتعلم
* الذي يكون جيداً في خلق الاعذار لا يكون جيداً في أي شيء آخر
* لم أفشل بالتجربة لكن وجدت 100 طريقة خاطئة لتنفيذها
* القناعة تجعل الفقير غنياً وعدم القناعة تجعل الغني فقيراً
* أكتب جروحك على الرمال وأنعاماتك على الرخام
* النشاط الاكثر انتشاراً بين الحمقى هو الانتقاد والشكوى والإدانة
* أخف همومك، فالذين يكتشفها لهم لم يعملوا إلا على مضاعفتها
* الانتقام والسكوت والاتهام هي النشاطات الأكثر انتشاراً بين الحمقى
* لا تترك أشعة الشمس تزول في نهاية اليوم إلا وقد حققت شيئاً
* كن في حرب مع عيوبك في سلام مع جيرانك ودع كل عام جديد يجد أنك إنسان جديد
* يمكن لثلاثة أن يكتموا سراً إذا كان اثنان منهم موتى
* تمر العواصف بسلام على الأشجار التي تلين وتقتلع الأشجار التي تعاند
* انتبه للنفقات والأخطاء الصغيرة فالتسرب الصغير يغرق السفن

تكملة بنيامين على صفحة ٢٥ ، 25

تكملة سياسي مزنكلين

* يتلصص الجوع على البيت الرجل العامل ولكنه لا يجرؤ على الدخول

* كن متحصا مع الجميع واجتماعيا مع كثيرين ومقربا للقليلين وصديقا لفرد واحد ولا تكن عدوا لأحد

* الافعال دائما أبلغ من الأقوال لا تصدق ما تراه واسس ما تسمعه

* لمعرفة عيوب أي فتاة أمدح صديقاتها

* الزجاج الأواني الفخارية وسمعة لا تصلح بسهولة ويصعب جدا إصلاحها

* ((النهاية .))

VOLTAIRE

فولتير

تكملة الفيلسوف الفرنسي فولتير:

* لولا نعمة النسيان، لما بدأنا حياة جديدة كل يوم
* السر الوحيد في كونك شخصاً مثيراً للملل، هو أنك تقول كل شيء.
* كل مزاح يجب أن يكون قصيراً وكذلك كل جد.
* تتسبب في سعادة إنسان يحقق سعادتك
* بالمال لا تعرف نفسك، وبدون مال، لن يعرفك أحد.
* قد أختلف معك في الرأي، لكني مستعد للدفع حياتي ثمناً لحقك في التعبير عن رأيك.
* نظرة المرأة أقوى نفوذاً من كل القوانين، ودموعها أقوى حجة من كل الشرائع عليها، وجبارة على
* المرأة كالحية، مطيعة لمن يقوى
كل من يخشاها.
* أحكم على الشخص من أسئلته، لا من أجوبته.
* الرسالة تطور المواهب، لكن أبداً لا تخلقها.
* نقاط ضعف الرجل، تحلو قوة النساء.
* من الخطير جداً أن تكون على حق، عندما تكون الحكومة على باطل.
* لا تحزني أن ليس على رأسي تاج، مادام في يدي قلم.
* خبز الوطن خير من كعك الغربة.
* كل شيء إذا ذهب، ممكن أن يعود، إلا الأيام عمرك، فاحذر منها ما يضايقك.
* أشجع الناس من قاوم هوى نفسه، وحبسها عن الدنيا.
* لا بد أنه في غاية الجهل، فهو يجيب عن كل سؤال يطرح عليه.
* المكان الوحيد الذي أستطيع أن أسند عليه رأسي وأنام مرتاحاً مطمئناً هو حضن أمي.

تكملة الفيلسوف الفرنسي فولتير على صفحة 28

الفيلسوف الفرنسي فولتير

أجمل وأقوى أقوال الكاتب والفيلسوف فولتير:-

* كشف المرء سره حماقة وكشف سر الآخرين خيانة.
* لا يحسد سعادة الآخرين، إلا من لم يستطيع تحقيق سعادته.
* عندما يتعلق الأمر بالمال، يصبح الجميع على دين واحد.
* إياك أن تحب امرأة لأن كل عيوبك وميزاتك تحكي.
* نحن مطالبون باحترام الأحياء أما الأموات، فنحن لا ندين لهم إلا بالحقيقة.
* الإنسان دائماً يبحث عن الأوهام، لأنه أجبن من أن يواجه الحقيقة.
* المواقف هي خريف العلاقات، يتساقط منها المزيفون، كأوراق الشجر.
* تستطيع تعلم الصبر كل شيء ما عدى الإحساس.
* الخلاف الطويل يعني أن كلا الطرفين على خطأ.

تكملة الفيلسوف على صفحة 20

- تكملة الفيلسوف الفرنسي فولتير

* عندما يشعر الرعاع في التفكير، كل شيء يصاب بالتلف
* لا أرى نفسي أكبر من إن أخذل، وإذا ضعف من أنتصر
* ليس القوي من يكسب الحرب دائماً، ولكن الضعيف من يخسر السلام دائماً
* إذا قالت لك المرأة "لا" فهي تعني "ربما" وإذا قالت "ربما"، فهي تعني "نعم"، وإذا قالت "نعم" فهي إذن ليست بامرأة
* مثل المناصب العليا، كمثل الجبال الشاهقة، لا يستطيع الوصول إليها إلا النسور
* سيصبح كل شيء على ما يرام ذات يوم، أما أن تقول أن كل شيء على ما يرام، فهذا هو الوهم
* من يجعلك تؤمن بالسخافات والخرافات، يستطيع أن يجبرك على ارتكاب الفضائع
* الشعر هو الموسيقى الفريدة المتاحة للعيان
* الأفضل أن نجازف بحماية مذنب، على أن ندين بريئاً
* خلقت المرأة لتشعرنا بمعنى الحياة، فهي مثال الرقة والكمال
* من الصعوبة أن تحرر السذج من الأغلال التي يبجلونها
* كل إنسان مدان ومذنب، بكل الخير الذي كان يستطيع فعله ولم يفعله،

12:25 Am
Sat. Nov. 4. 2023
ﺳ * ٩ * ٤ *

النهاية فلسفة فولتير

علم النفس

١- إذا رأيت شخصاً يتكلم مع نفسه، هذا ليس شخصاً مجنوناً، بل أنه إنسان مبدع يتمتع بذكاء خارق،
٢- الأشخاص الذين يمتلكون بالإخلاص والطيبة والكرم في علاقتهم مع أخرين

تكملة لعلم النفس من صفحة ٢٩

3- الأشخاص الذي يكون ملامح وجوههم أصغر من عمرهم الحقيقي في العادة يمتلكون صحة جيدة وبالتالي تزيد احتمالية أن يعيشوا لمدة أطول ويرجع ذلك لأنهم لا يوجد في قلبهم أي غل أو حقد لأي أحد كما يحملون الخير للآخرين،

4- احفظ كرامتك ولا تكن ثقيلاً على أحد ممن يريدك سيبحث عنك حتى بالزحام

5- إن الاكتئاب الذي يعاني منه الإنسان لا يأتي من مشكلة التي يقع فيها بل من الإفراط في التفكير فيها لذلك لا تعطي المشكلة أكبر من حجمها

6- مهم عندما ينظر رجل وامرأة لا يعرفان بعضهما إلى عيني بعض لمدة دقيقتين فهناك احتمال أنهما سيقعان في الحب مباشرة كما سيختفي الشعور بالغرابة وسيشعران بأنهما يعرفان بعضهما البعض من القبل،

البرت أينشتاين

ALBERT
EINSTEN.

أقوال ألبرت أينشتاين ALBERT EINSTEN

* عليك تجنب ثلاثة أشياء في حياة
* "دعونا لا ننسى أن المعرفة والمهارات البشرية وحدها لا يمكن أن تقود البشرية إلى حياة وكريمة" ألبرت إينشتاين،
* السبب الوحيد للزمن، هو أن لا تحدث كل الأشياء في وقت واحد ألبرت إينشتاين،
* في المدرسة يعلمونك الدرس ثم يختبرونك، أما الحياة فتختبرك ثم تعلمك الدرس.

ألبرت إينشتاين،

* إذا لم تستطع شرح شيء لطفل عمره ستة أعوام، فأنت لا تفهم بنفسك،

ألبرت إينشتاين،

* أي شخص لم يرتكب خطأ قد في حياته. لم يحاول شيئاً جديداً،

ألبرت إينشتاين

* أنا أتحدث إلى الجميع بنفس الطريقة، سواء كان عامل النظافة أو رئيس الجامعة.

ألبرت إينشتاين،

* هناك شيئان لا حدود لهما، الكون وغباء الإنسان، ولست متأكداً بشأن الكون،

ألبرت إينشتاين،

* أنا لا أعرف السلاح الذي سيستخدمه الإنسان في الحرب العالمية الثالثة، لكن أعرف أنه سيستخدم العصا والحجر في الحرب العالمية الرابعة.

ألبرت إينشتاين،

* أجمل إحساس هو الغموض، أنه مصدر الفن والعلوم

ألبرت إينشتاين

تكملة ألبرت إينشتاين في صفحة 33

تكملة البرت أينشتاين من صفحة

* كل ما هو عظيم وملهم صنعه إنسان عمل بحرية.

البرت اينشتاين.

* دعونا لا ننسى أن المعرفة والمهارات البشرية وحدها لا يمكن أن تقود البشر إلى حياة سعيدة وكريمة.

البرت أينشتاين.

* الإشارة الحقيقية للذكاء ليست المعرفة بل الخيال.

البرت اينشتاين.

* الحياة مثل ركوب الدراجة، للحفاظ على توازنك يجب أن تستمر في الحركة.

البرت اينشتاين.

* لا تحفظ شيئاً يمكنك البحث عنه.

البرت اينشتاين.

* العلم بدون دين هو أعرج والدين بدون علم أعمى.

البرت اينشتاين.

* ليس لدي موهبة خاصة، أنا مجرد فضولي بشغف.

البرت اينشتاين.

* إنما الحياة التي تعيشها لصالح الآخرين هي حياة ذات قيمة.

البرت اينشتاين.

* يجب أن يكون من الممكن شرح قوانين الفيزياء للخادمة.

البرت اينشتاين.

* لا يمكننا حل مشكلة باستخدام العقلية نفسها التي أنشأتها.

البرت اينشتاين.

* المنطق سيأخذك من نقطة إلى أخرى والخيال سيأخذك إلى أي مكان.

البرت اينشتاين.

تكملة البرت أينشتاين على صفحة ٢٤ . 34

* الثقافة هي ما يبقى بعد أن تنسى كل ما تعلمته في المدرسة
ألبرت إينشتاين

* إذا كنت ترغب في أن يكون أطفالك أذكياء، اقرأ لهم القصص الخيالية
ألبرت إينشتاين

* يستطيع أي أحمق جعل الأشياء تبدو أكبر وأعقد، لكنك تحتاج إلى عبقري لجعلها تبدو عكس ذلك.
ألبرت أينشتاين

* القمر لا يختفي عندما لا أنظر إليه،
ألبرت إينشتاين

* كلما اقتربت القوانين من الواقع أصبحت غير ثابتة، وكلما اقتربت من الثبات أصبحت غير واقعية،
ألبرت إينشتاين

* مخيلتك هي بمثابة العرض المسبق للأحداث العظيمة التي ستحدث لك في حياتك،
ألبرت إينشتاين

* العلم شيء رائع، إن لم تكن تقتات منه
ألبرت إينشتاين

* الأمر الوحيد الذي لا أسمح له بالتدخل في علمي وأبحاثي هو معلوماتي وثقافتي الدراسية.
ألبرت أينشتاين

* الجاذبية ليس لها علاقة بالوقوع في الحب.
ألبرت إينشتاين

* الرجل ينبغي أن ينظر إلى ما هو، وليس ما يعتقد أنه يجب أن يكون
ألبرت إينشتاين

تكملة ألبرت إينشتاين في صفحة 35

تكملة إينشتاين من صفحة ٢٤

* السؤال الذي يدفعني للجنون أحياناً: هل أنا المجنون أم الآخرين.

ألبرت إينشتاين

* الغضب يسكن فقط في أحضان الجهال.

ألبرت إينشتاين

* أي رجل يقرأ كثيراً ويستخدم دماغه قليلاً جداً يقع في عادات التفكير الكسولة.

ألبرت اينشتاين

* اي شخص لا يأخذ على محمل الجد الحقيقة في امور صغيرة لا يمكن الوثوق به في أي من الأمور الكبيرة.

ألبرت إينشتاين

* قليل من الناس يمكنهم التعبير برباطة الجأش عن أفكارهم التي تختلف عن الأفكار المسبقة في بيئتهم الاجتماعية. معظم الناس ليس بإمكانهم طرح مثل هذه الآراء.

ألبرت اينشتاين

* المثقفون يأتون بحل المشاكل بعد وقوعها، والعباقرة يسعون لمنعها قبل أن تبدأ.

ألبرت إينشتاين

* أصبح من الواضح أن التقنية قد تجاوزت إنسانيتنا.

ألبرت إينشتاين

* لدي قناعة بأن القتل تحت ستار الحرب ليس إلا عملاً من أعمال القتل.

ألبرت إينشتاين

* تجنب ثلاثة أشياء في الحياة: في الشباب، الشهوة، عدم النضج، المشاجرة، وفي الشيخوخة، الطمع.

ألبرت إينشتاين.

تكملة البرت إينشتاين من صفحة ٢٥

* العالم مكان خطر للعيش فيه ليس لوجود الأشرار بل لأن الآخرين لا يفعلون شيئاً حول ذلك.

البرت إينشتاين

* يبدأ الإنسان في الحياة عندما يستطيع الحياة خارج نفسه.

البرت إينشتاين

* المشاكل الموجوده في عالم اليوم لا يمكن أن تحلها عقول خلقتها.

البرت إينشتاين

*

النهاية البرت إينشتاين

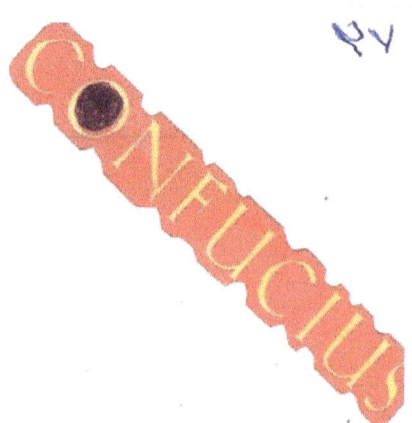

CONFUCIUS

کونفوشیوس

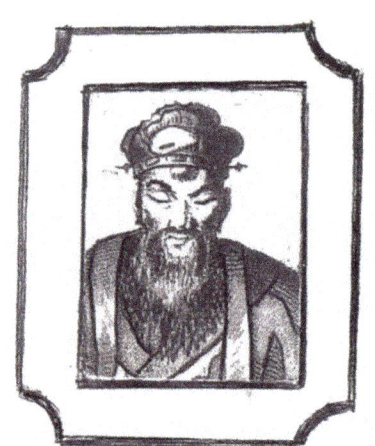

CONFUCIUS

الفيلسوف كونفوشيوس

أعظم أقواله وحكم:

* القمة ليست مكاناً للوقوف فقط بل هي أيضاً مكان لبداية النزول.

* لا تفعلوا للآخرين ما لا ترغب أن يفعلوه لك.

* الموت ليس المصيبة حقيقية أنما العيش بلا هدف هو ما يشكل المأساة الحقيقية.

* اذا قمت بتغير نفسك فسوف تغير العالم.

* العلم بلا تطبيق ليس سوى حكمة فارغة. لا ترى الأشياء كما هي فارغة، لا ترى الأشياء كما هي أنظر اليها كما يمكن أن تكون التعليم هو السلاح الاقوى يمكن استخدامه لتغير العالم

* الجمال الحقيقي لا يمكن في المظهر الخارجي بل الطريقة التي نتعامل بها الآخرين

* الصبر هو مفتاح النجاح.

* أذا أردت أن تنمو فبدأ بتغير نفسك أولاً.

* العمل المستاق يهزم العمل الذي لا يدوم عليه.

* المعرفة دون تطبيق عملي لا تكون إلا مجر حكمة فارغة.

تكملة الفيلسوف الصيني كونفوشيوس على صفحة ٥٢

تكملة الفيلسوف الصيني كونفوشيوس من صفحة ٢٨

* الرجل الذكي لا يعتمد على الحظ بل يستثمر في الجهد
* التعليم هو السلاح الاقوى أستخدام لتغير العالم .
* الاحترام هو قاعده العلاقات الانسانيه .
* العفويه هي أعلى درجات الكمال البشري .
* التواضع هو بوابه إلى الحكمه .
* الوفاء بالوعود يعكس النزاهه والصدق .
* العمل الجماعي يحقق النجاح الاكبر القرارات الصائبه .
* الصداقه الحقيقيه هي كنز لا يقدر بثمن . الاستماع بتركيز يعزز التفاهم والتواصل .
* العمل الجاد والمثابره هما مفتاح النجاح في أي مجال .
* التوازن هو سر الحياة المستدامه .
* الشجاعه هي أساس تحقيق الاهداف العظيمه
* الحكمه تكمن في عدم الزياده على الاخرين وعدم نقص عنهم
* الحقيقه ليست دائما مريحه ولكن الرضا بالحقيقه هو مفتاح تطور .

تكملة الفيلسوف الصيني كونفوشيوس من صفحة ٢٩

أعظم أقواله و الحكم

* السعادة لا تكمن في امتلاك الكثير بل في التقنع بالقليل ،
* الشخص العظيم هو الذي يتحمل المسؤليه ويسأل الصواب في الاوقات الصعبة .
* العلم بلا أخلاق هو كالسفينه بدون بوصله ،
* التواضع يعزز النمو الشخصي ويفتح آفاقاً جديده -
* الاحترام للآخرين يبني جسوراً من الثقه والتعاون .
* العقل المرن يتكيف مع التغيرات ويعيش بسلام .
* التعلم المستمر هو مفتاح التنميه الشخصيه والتقدم
  والملكية المشتركه تعزز التضامن و العدل في المجتمع .
* الاستقامه لشخصيه هي أساس نجاح حقيقي ،
* العدل هو الاساس الذي يقوم عليه المجتمعات مزدهره .
* الاستماع الجيد يزيد من فهمنا الأخرين وتعاطفنا معهم ،
* الحقيقه تكمن في العمل الصادق والكلمه الصادقه ،
* الحب والأحترام هما ركيزتان أساسيتان العلاقات الأنسانيه .

تكمله الفيلسوف الصيني كونفوشيوس في صفحة ٤١

* التواضع هو سمة العظمة، والغرور هو سمة الضعف.
* العلم هو المفتاح لفتح باب الفهم والتقدم.
* العمل الصالح يبدأ بالتصرف الصالح.
* الصبر هو القوة التي تساعدنا على تحمل المصاعب والتغلب على الصعاب.
* الثقة بالنفس هي أساس النجاح في أي مجال من الحياة.
* التسامح والاحترام للآخرين يعززان التعايش السلمي.
* العقل الواعي هو السلاح الأقوى في مواجهة التحديات وحل المشكلات.
* التعلم لا يعتمد على العمر بل على الاستمرارية والرغبة في التعلم، العزم والإصرار هما مفتاح النجاح في تحقيق الأهداف الكبيرة.
* الصداقة الحقيقية يتجاوز الزمن والمسافات.
* العمل الجماعي يحقق النجاح الكبير والتقدم الشامل.
* الاحترام للعمل الشاق والجهود المبذولة هو ما ينبغي أن يتمتع به الجميع.

تكملة كونفوشيوس صفحة ٤٢

* العقل المفتوح يتقبل وجهات النظر المختلفة ويسعى للتعلم منها
* السلام الداخلي يبدأ بالتوازن بين العقل والروح والجسد .
* العطاء بلا توقف يملأ القلوب بالسعادة والرضى .
* التعلم من أخطائنا هو مفتاح النمو والتحسن الشخصي .
* الاحترام للمسنين يعكس الحكمة ويقدر التجارب الحياتية . * الحقيقة تتجلى في أفعال وليس في أقوال محب .
* الصدق هو أساس بناء الثقة والعلاقات قوية . * الابتسامة تعكس السعادة الداخلية وتنير وجوه الآخرين
* الوفاء بالوعد يعكس النزاهة والاحترام للعقود والاتفاقات .
* التفكير العميق والتأمل يساعدنا على فهم حقائق الحياة .
* احترام الطبيعة والبيئة يحافظ على استدامة الحياة على أرض
* التواضع يساعدنا على تقدير قيمة الآخرين وتواضعنا أمام المعرفة الجديدة
* السعادة الحقيقية تكمن في إسعاد الآخرين ومشاركة الخير مع جميع
* التواضع هو أساس العظمة والتكبر هو سبب السقوط
* الصداقة الحقيقية تستمر حتى في أصعب الأوقات مفتاح لتحقيق النجاح * العقل المفتوح يستقبل الأفكار جديدة ويطور فهم الحقيقة الداخلية نصوص السلام الداخلي .
* الإبداع يشكل يعزز التواصل الفعال
* التسامح والتعايش السلمي يبنيان جسور بين ثقافات والشعوب * التخطيط والتنظيم يزيدان من إنتاجية وتحقيق الشخصي . * العدل والمساواة يعززان الاستقرار اجتماعي

فيثاغورس
الفيلسوف
أيوني يوناني .

PYTHAGORAS
IONIAN
Philosopher
GREERK .

الفيلسوف يوناني فيثاغورس

اقوال و الحكم

* أختر دائماً التي تبدو أفضل مهما كانت صعبة فالتعود سيجعلها بعد قليل سهلة ومقبولة
فيثاغورس

* كثرة حسادك شهادة لك على نجاحك .
فيثاغورس

* قوة العقل تكمن في الرصانة لأنها تبقي عقلك بعيداً عن التشويش العاطفة
فيثاغورس

* الجهلة والأغبياء يسخرون مما لا يستطيعون فهمه .
فيثاغورس

* أفعل ما تعتقد أنه صواب ودع الآخرين يتكلمون عنك كما يريدون .

* اذا أحتقرت أنساناً فوجده لا يصلح أن يكون صديقاً فاحذر من أن تجعله عدواً .

* يبدأ الغضب بالحماقة وينتهي بالندم .
فيثاغورس

* من المفترض أن يدفعنا القلق الى العمل وليس الى الاكتئاب فليس حر من لا يستطيع السيطرة على نفسه
فيثاغورس

* ليس هناك من شيء أسهل إلا ويصعب عندما تقوم به مجبراً
فيثاغورس

* الحكمة التي يتم تعلمها بهوى لا تنسى أبدا .
فيثاغورس

* لا تقل القليل بكلمات كثيرة بل كثير بكلمات قليلة .

تكملة الفيلسوف يوناني فيثاغورس على صفحة ٤٥

تكملة الفيلسوف يوناني فيثاغورس من صفحة ٢٢

* عند الغضب يجب أن نمتنع عن إربعة الحكم على الآخرين واتخاذ القرارات والحديث مع الآخرين واتخاذ الافعال

فيثاغورس.

* كن سيد القانون وليس عبده لا تصبح خادماً لما صنعته أنت.

فيثاغورس

* مادمت موجوداً فلا موت وإذا جاء الموت فلا وجود لي فلا داعي إذن للتفكير في أمر ليس لي به شأن وأما حي

فيثاغورس.

* أقدم كلمات على الأرض هي نعم ولا وهي أكثر الكلمات التي تحتاج تفكيراً قبل النطق بها!

فيثاغورس.

* جبان هو من يرى الحق ولا يساندة.

فيثاغورس

* إستراحة من لا عقل له.

فيثاغورس

* من المستحيل أن يفتقد إنسان بشيء صديقاً ويظل عكسة

فيثاغورس.

* من واجب المرء أن يكون صادقاً بغير القسم.

فيثاغورس

* ليس حراً من لم يسد امبراطورية نفسه.

فيثاغورس.

نهاية أقوال فيلسوف يوناني فيثاغورس

9:48 pm
sun * Nov.
J. E. B. 5,

أومن في وجود الله

جوزيف

إيشو

بحري بك

مواليد

العراقي

JOSEPH

ESHOO

BAHRIBEK.

IRAQI.

J*E*B*

May*23-1952

I DO Belive

GOD EXIST.

يحيا العراق

الى الأبد

من فلسفتي واقوالي وكلماتي والمفكر عراقي
جوزيف إيشو بحري بك

From my words & philosophy
Joseph * E * BahriBek
J * E * B *
ج * ا * ب *
ي * ا * ح *

* Devil you Don't have No Level
أبليس الشيطان ليس لك اي مستوى *

* We Born to Die We Neve Born to Survive
ولدنا كي نموت وليس ولدنا كي نبقى احياء *

* the glass is Full What Ever you pour in It
Will full. What Ever you want to Leave you Will Die.
القدح المملوء من الماء كلما نسكب فيه سوف يسكب مهما أن تريد تعيش حياه طويله سوف تموت *

* English is Gone Why We shell Carrie Gun
oh. America
أنكليز قد غادروا لماذا يجب حمل السلاح
يا أمريكا *

* the Numbers has No End
الأرقام ليس لها نهاية *

* the Line has No End
الخط ليس له نهاية *

* the Law by It Self or punishment with out Law
or punishmen it can not Work
قانون بدون معاقبة لم يشتغل وحدهم *

12:21 Am * MON * Nov -6- 2023.

تكمله على صفحه 36

تكملة مقالات وكلماتي   جوزيف إيشو بحري بك
the words and philosophy: Joseph Eshoo Bahri Bek.

* If their No grvity on the Earth It Will No Settle Us on It.

* لولا وجود الجاذبية على الأرض لما استقرنا عليها،

ج * ا * ب

* I the Sun is Not Exist it Will No Life for All Creaturs on the Earth & All Solors System

* لولا وجود الشمس على الأرض وعلى العائلة الشمسية لما وجدة الحياة عليهم

ج * ا * ب

* When the lord Creat Adme + Eve he protect them From All Weather As the womb of woman to protect the baby.

* عندما الرب خلق آدم + حواء يحميهم من كل عوامل الطقس كالغطاء الرحم الذي يحمي الطفل في بطن أمه،

ج * ا * ب

* Brain look like As Aragoos Strings Direct Every Thing in the Body

* الدماغ يشبه كالخيوط لعبة أرجوز الذي توجه كل شيء في الجسم

ج * ا * ب

* الدماغ والوجه الإنسان كالوجهة تحكيم أو مفتاح تحكم الجسم

* Theory Just As your opinion or your Idea Alway can be ghang: when your Brain is Develop

* نظرية: ما هي إلا رأي أو فكره دائما تحت التطور الدماغ

تكملة أقواله، أقوال جوزيف بحري على صفحة

* What Ever the Rich Guy is his Greedines killing him, he needs more -

مهما كان الأنسان غني الطماعة قتله، يريد أكثر. *

ج.إ.ب.

* What Ever you have High degree, It Did mean you knowing Every, you still Like to know As child to Explorer *

Joseph. E. BahriBek

مهما تملك شهاده وثقافه عاليه، لا يعني أن تعرف كل شئ، وتريد أن تعرف كل شئ، كالطفل يريد أن يعرف ويكتشف *

جوزيف إيشو بحري.

* When you See Human collumn & Quiet, you Will know he is Intelligent. *

Joseph. E. BahriBek

عندما ترى الأنسان متواضع أعرف أنه مثقف ومحترم *

جوزيف إيشو بحري بك

* When We Die Don't have or have the Same knowLedgem *

Joseph. E. BahriBek

متى نموت لا نملك نفس المعرفه * *

جوزيف إيشو بحري بك

* What Ever Humin Educated he is Uneduated

Joseph. E BahriBek.

مهما كان الأنسان مثقف أنه جاهل *

جوزيف إيشو بحري بك

This Life is Not Real Just As you Dream, Dream in Dream. We leave

هذه الحياة ليست حياة حقيقيه وأنما حلم في الحلم نعيش. *

كلمات ولكن سأكتفي في تدوينها من الكلمات كثيرة وشكراً يا أعزائي *

ب*ج*إ*J*E*B*P**

50 تكملة أقوال والحكم جوزيف إيشو بحري بك ٥٠

* نعيش في هذه الدنيا كالأموات ولا نعرف متى سنموت
الموت دائماً يحيط بنا.
جوزيف إيشو بحري بك

* We Lives in this World As the Death and We Dont know When Will Dies و the Death is Rounds Us.
Joseph. Eshoo Bahri Bek

* نعيش في هذه الحياة كالحلم في الحلم الذي نحلمه
* We Lives in the World As the Dream We Dream It
Joseph. Eshoo Bahri Bek

* الدماغ كلوح الخشب التحكيم الذي يحكم كل شيء في أجزاء الجسم
جوزيف إيشو بحري بك

* Brain As the board Control to Control Every thing in the body
Joseph Eshoo Bahri Bek

* كلما أن تريد تعيش أكثر كالقدح مملوء في الماء وتريد أن تملئه به سيكب الماء منه معناه حتماً ستموت
جوزيف إيشو بحري بك

* What Ever you Want to Lives more As the full glass of Water & you Want to full It in, you Will See the Water falls From It Wich mean sure you Will dies
Joseph Eshoo Bahri Bek

* حينما قال الرب خلقة الحياة على الأرض معنى فقط خلق الهواء والجاذبية كي نتنفس ونستقر عليها
* When the Lord Said I Geate the Life on the Earth Which mean only Great the Air and the Gravity to Breathing to tranuqilid on the Earth
Joseph Eshoo Bari Bek.

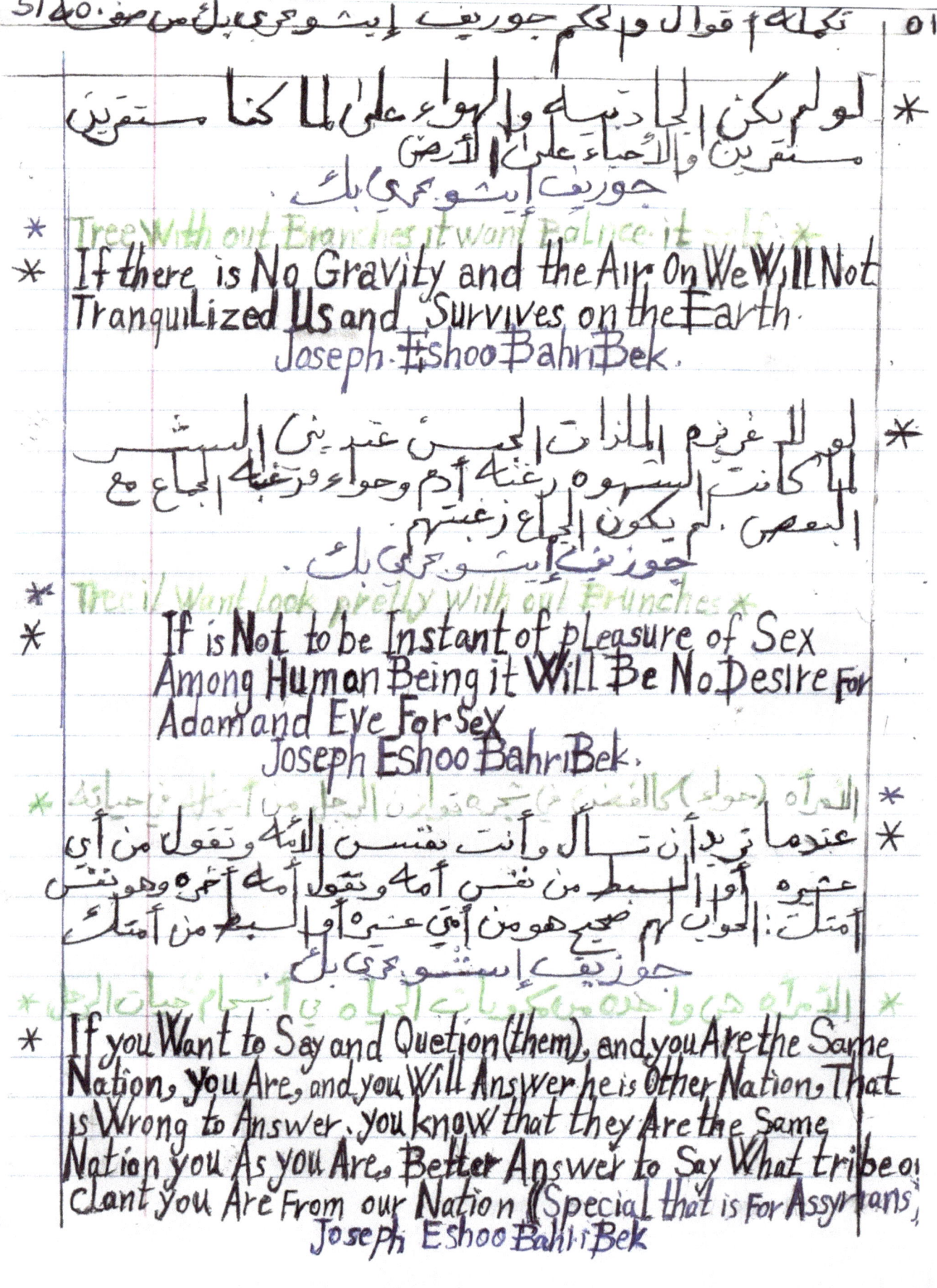

لو لم يكن الجاذبية والهواء على ما كنا مستقرين
مستقرين والأحياء على الأرض
جوريف إيشو جري بك

* If there is No Gravity and the Air On We Will Not
Tranquilized Us and Survives on the Earth.
Joseph Eshoo Bahri Bek.

لولا كانت اللذات الجنس عترين الستش
الى كانت السروه رغبة آدم وحواء ورغبه الجماع مع
البعض لم يكون الجماع زعستهم
جوريف إيشو جري بك

* If is Not to be Instant of pleasure of Sex
Among Human Being it Will Be No Desire For
Adam and Eve For Sex
Joseph Eshoo Bahri Bek.

المرأه (حواء) كالفنس
عندما تريد أن تسأل وأنت تفتش الأمة وتقول من أى
عشيره أو البطن من نفس أمه وتقول أمه أخرى وهو نفش
أمتك: الجواب لهم صحيح هو من أمى عشيره أو البطن من أمتك
جوريف إيشو جري بك

* If you Want to Say and Quetion (them), and you Are the Same
Nation, you Are, and you Will Answer he is Other Nation, That
is Wrong to Answer, you know that they Are the Same
Nation you As you Are, Better Answer to Say What tribe or
Clant you Are From our Nation (Special that is For Assyrians)
Joseph Eshoo Bahri Bek

من أقوال والحكم جوزيف أيشو بحري بلك من صفحه ٥١

إذا قارنه معرفتك ومهما كنت تعرف عدده الأشياء وتتفق
والمعرفتك من معرفه الله هي كالرأس الدبوس بالنسبه له
من خلقه العظيم ومعرفته الرب الهائله وجبارة! لا تقارن نفسك مع الله
كل لو كلنا الأموات ولسنا أحياء! لا نعرف مصيرنا ما سيحدث

ج * أ * ب *

* عندما تقول الى الأموات الله يرحمهم! قل أولا لنفسك الله
يرحمنا لأنك لا تعرف ماذا سيحدث بك ولسنا الأثنا أموات.
وعلى قائمه الأموات ((قائمه الملائكه)).

J*E*B*

* لا تقارن معرفتك مالله لأنك لا تعرف كل شيء كما هو (الله)
يعرف مع بأمك وخارجك إلهو عليم وعالم وأبو المعرفه كل شيء.

ב * ٩ * ـا *

* مهما تقول وأن تتصور وتقول أنهم تملكهم أي، زوجتك
أو الزوج والأولادك! هم ليسوا لك وكم أحببتهم وأيضا الى
الأرض تملكهم لأنهم الأرض هي الأم تملكهم والله هو مالك كل

ج * أ * ب *

* لا تدعي أو كما يدعون أنهم الملك والملكه هم ليسوا حقيقي ا
وأيضا الرب ومخلصنا المسيح هم الملوك، لأنكم عندما
تموتون لا تقدرون أن تأخذوا معكم أي شيء وليس أي
شيء لكم عند المماة سيبقى كل شيء الى المالكين العظيمين
الله ومخلصنا لهم كل شيء سيبقى لهم لأنهم هم الملوك أصليين

* جوزيف إيشو بحري بلك *

* يوجد درجه ما بين أدم أو الملائكه، كما في مقالي الله
خلق حواء أكثر جمالا من الرجل، كما قيل ويقولون بعض
الأحيان أنظر الى هذا الطفل كم هو جميل كأنه يشبه البنت جميله
الجميله كما يقال في مجتمعنا الأشوري بمعنى البنت الجميله، المراءه
كما هي تقتيني أجمل وأحلى في درجه واحده من الولد أو الرجل

* الملك بمعنى أن الملك في السماء هو المالك أي يملك كل شيء
كما يملك وخالق السماوات والأرض وكل شيء غيري وما لا يري فهو المالك

ج * أ * ب

تكمله في صفحه 53 * ٥٢ ، ـا * ٩ * ב

تكملة الكلمات والأقوال وحكم جوزيف إيشو عمري بك

* ما معنى الفراغ space أو (فضاء) معنى فراغ هو المسافة بين الجسمين أو الشيئين (٢) يسمى الفراغ وبين كل أشياء يكون ويكونان الفضاء Cosmos (Universe)

ح * أ * ب *

* الأرض هي كالصندوق المجوهرات التي تحفظ كل الشيء التي غادرة وأختفى من العيون يسمى التاريخ الأرض التي مرت بها من أحقابها وعصورها التي تكشفها لنا عن أختفاض بها في صندوقها الأرضي في كل ألف سنة تكشف لنا من مجوهراتها

ك * ع * د *

* الأرض هي الأم آدم والنبات والخلايا والحي!

J * E * B *

* لا تقدر وأن تثبت كل النظريات المطروحة كلها هي صحيحة! لأن دائماً في حالة التغير من تغير وتطور الدماغ فتتغير النظريات من التطور دماغك؛

ح * أ * ب

* لا تقدر أن تقول هذه الدنيا أو الكون جاء من الصدفة لأن عنصر واحد لا يقدر أن يعمل وحده إلا عنصرين كالذرة التي تتكون من البروتون والإلكترونات والنيوترون أي دافع وراء هذا الشيء وحده أن لم يكون قوة كبيرة خلقه هو الله كي يدير هذا الكون الفسيح.

ك * ع * د *

* بعض الأفكار اللاعقلانية والأستاجارت عن الموثوقة يقولون من هو الله هل هو رجل أو امرأة كما قرأت في بعض الكتب الجواب لكن الله ليس له أي أعضاء الذكرية والأنثوية وإنما هو الروح المقدسة أو الجبار هو الذي خلق لكم الأعضاء لكم، ومن ثم أقرأ الكتاب المقدس العهد القديم حيث قال لن أخلق آدم على وجهي وليس قال نخلق حواء، وإنما آدم في معنى هذا هو يشبه وجه آدم لوجه الله عز وجل.

جوزيف إيشو عمري بك،

٥٤-٨٠ ٠١-٥٢

* أنا لست دانيال Danielle وليس أسمي دانيال لكي أدين أحد وأدين الآخرين : (بمعنى: دان القاضي وأيي إل في عربي الله)

Tel. ((دان Dan قاضي وإيل الله

ج*ع*ب*

* مهما كنت مثقف وحامل شهادة التخرج العليا وتقول أنك فاهم وعارف ومقاربك في الرب أنت لا تعرف كل شيء مثله ،

ج*ع*ب*

* مهما كنت وأنتم ذو كفاءات العاليه وحامل الشهادات العاليه ومثقف أنتم تتخرجون من أفكارنا وأقوالنا وتجاربنا وتحصلون على شهادات عاليه من السيد من عندنا.

J*E*B*

* عندما تغادر الروح من الجسد لا تحمل المعرفه من الأشياء غير صحيحه وإنما تحمل المعرفه من الناحيه الصالحه

ج*ع*ب*

أنا لست عالم وعليم ولا أعرف كل الشيء ولا في دماغك (وذهنك) ولا في أعضاء جسدك فقط أنت تعرف وحلّها جسدك يعرف (وأعضاء) عندما تتكلم أعضاء جسدك عندما تشعر في وجع وأذى فقط الرب هو عليم وحكيم وأنت أميرا

ج*ع*ب*

أنا أعرف وأحلل من حركاتك وأعمالك مهما تريد أن تتغلى أسمك وبأسمك هذا يعني كما قال راعينا ومخلصنا المسيح من يعلي نفسه هو وطي ومن يوطي نفسه هو عالي.

J*E*B*

* لا تبكوا الأموات (الراحلين) أبكوا على أنفسكم لأنكم أموات

ج*ع*ب*

* نبكي على الأموات لأنهم قد رحلوا وغادروا واختفوا من أنظارنا بالمثل شجرة عيد ميلاد عندما تضعها في منزلك ومن ثم عند انتهاء وأخذها من بيتك سيكون مكان الشجرة خالي ولكن عندك أمل ستضعها مرتا أخرى مكانها وشرعها مرتا أخرى ولكن الأموات لا تقدر أن تأتي بهم مرتا أخرى كالأحياء أمام أنظارك،

أعظم أقوال وحكم المفكر العراقي علي الوردي

* يقال أن المقاييس الذي نقيس به ثقافة شخص ما هو مقدار ما يتحمل هذا الشخص من آراء غيره المخالفة لرأيه.

علي الوردي

* إن كل أمرئ في الواقع يلون الدنيا بلون ما في نفسه ويقيس الأمور حسب المقاييس التي نشأ عليها

علي الوردي

* اذا وجدت نفسك تريد الكلام وكان الدافع الحصول على تقدير الحاضرين أو التقرب لأصحاب النفوذ فاعلم أنك فاشل

علي الوردي

* التنازع صفة أساسية في البشر الانسان يتعاون مع بعض الناس ليكون أقدر على التنازع ضد البعض الآخر

علي الوردي

* خطيئة الانقياء هي ظنهم بأن الجميع مثلهم،

علي الوردي

* لا تكترث لآراء الناس فقط عليك أن تعرف ما تريده وما عليك فعله!

علي الوردي

* لا يخيفني ذلك الكائن الذي يرفض وجود الله الذي يخيفني حقاً هو ذاك الكائن الذي يقتل بكل إيمان وجود الله.

علي الوردي.

* الحيوان يأكلك ويدعي أنه أكلك في سبيل الله أو سبيل حق وحقيقة

علي الوردي

* الأفكار كالأسلحة تتبدل بتبدل الأيام والذي يريد أن يبقى على رأيه هو كمن يريد أن يحارب سلاح ناري بسلاح عنتر بن شداد.

علي الوردي

تكملة علي الوردي على صفحة 55

٥٥ تكملة أقوال وكلمات علي الوردي من صفحة ٢٨.

* الفقير إذا غمز لامرأة في الطريق أقاموا الدنيا عليه وأقعدوها أما إذا اشترى الغني مئات الجواري وأشبعهن غمزاً ولمزاً كان ذلك عليه حلالاً طيباً.

علي الوردي

* إن قولك للظالم أن يكون عاقلاً فالمجنون يعتقد أنه العاقل الوحيد بين الناس.

علي الوردي

* المجتمع البشري لا يمكن توحيده على رأي واحد حتى لو جاء جبرائيل نفسه يقوده فالتنازع البشري طبيعة اجتماعية لا مناص منها.

علي الوردي

* يمنعونها من الخروج من المنزل والتعلم حتى تصبح جاهلة ثم يقولون عنها ناقصة عقل

ع. الوردي

* ماذا الواجب عليكم أن كتب المدرسة عندنا تعلم التلاميذ على أن يكونوا ضباطاً عسكريين لا علماء باحثين.

*

ع. الوردي

* أدركت أن الحق ملك للجميع وأن الله أعدل من أن يختار لنفسه دون فريق

علي الوردي

* كل إنسان تستطيع أن تعرف له نظرته إلى الأمور بنفس المنظار الذي ينظر إليها به.

علي الوردي

* أن سرعة التصديق وسرعة الإنكار كلاهما يدلان على سذاجة غير محمودة.

علي الوردي

* الكمال في كل شيء مستحيل فمن طبيعة الحياة أن تكون ناقصة لكي تسعى لسد هذا النقص فلا تقف ،
علي الوردي ،

* من طبيعة الإنسان أن ينسى مساوئه ويتذكر محاسنه تذكراً لا يخلو من مبالغة
علي الوردي

* لو خيروا العرب بين دولتين علمانية ودينية لصوتوا للدولة الدينية وذهبوا للعيش في الدولة العلمانية ،
علي الوردي ،

* ليس في هذه الدنيا شيء يمكن أن يتلذذ به الإنسان تلذذاً مستمراً فكل لذة مهما كانت عظيمة تزول تدريجياً عند تعاطيها
ع الوردي

* كلما ازداد الإنسان غباوة ازداد يقيناً بأنه أفضل من غيره في كل شيء
علي الوردي

* مشكلة هذه الحياة إنك لا تستطيع أن تجد فيها شيئاً نافعاً من غير ضرر أو مضر من غير نفع في كل حين
علي الوردي

* ليس يخلو المرءُ من ضدٍ ولو حاول العزلةَ في رأس الجبل .
علي الوردي

* إن الأفكار الجديدة كالبذرات تلقى في أرض فهي تذوي وتموت إذا لم تجد التربة الصالحة لها والظروف المساعدة على نموها
علي الوردي

* أهملنا احترام المخلصين بينما نقل ظهور المخلصين لنا
* [illegible] أبناؤهم يسخرون من فكرة في هذا اليوم ثم يقدسونها غداً
* لو كان الوعظ ينفع أحد لنفع أولئك الطغاة الذين كانوا يعبدون الله في آن واحد
علي الوردي

تكملة علي الوردي في صفحة

أعماله وكلمات ومقالات الق في علي الوردي من صفه

* ليس هناك أبشع من قلم عدو عظيم
علي الوردي

* أن العقل سلاح ذو حدين فهو لدن الباحث المتمرس
وسيلة للتطور أما لدن الغافل المغرور فهو عقبة
في سبيل التطور
علي الوردي

* لا يوجد شخص فقير مثل الذي يملك المال وشيء غيره ،
علي الوردي

* إن الشيء لا يكون معرفة إلا بواسطة نقيضه ،
علي الوردي

* من الحري أن نقول أن النجاح على قدر الجرأة والاسترسال
وعدم التكليف . علي الوردي

* كل حركة اجتماعية جديد تتهم أول الأمر بأنها من
صنع الأجانب أو الزنادقة
علي الوردي

* الفاضل في نظرهم هو الذي يرفع عن طاقته من الحق والباطل
وينصر أخاه ظالما أو مظلوما

* هذه هي طبيعة الإنسان في كل زمان ومكان فهو يطلب العدل حين
يكون محروما منه فإذا حصل عليه بخل به على غيره .
علي الوردي

* الفقر الجائع يكاد أن يلتهم حقيقة العالى شكل ضعيف ،
* إن العقل البشري قادر أن يخلق المبرر الذي يتذرع بها لتبرير أي
عمل يقوم به مهما كان سيئا
علي الوردي

* رأيت رجلا يستمع إلى خطيب ضال الله إذا أمرت ؟ أجاني وهل
أستطيع أن أمر من يقود هذا العالم العظيم .
علي الوردي
السراب

شكسبير

SHAKESPEARE

شكسبير
SHAKESREARE

* قد تغفر لك المرأة القسوة والظلم، لكنها لا تغفر لك الاهمال لها.
وليم شكسبير

* غرور واشباع حاجات المرأة كون تغير قاع لا يملئ.
وليم شكسبير

* أين الكاتب الذي يرسم جمال الذي تراه في عين المرأة
وليم شكسبير

* الرجل عند المرأة ثلاث: أب يمثل لها الاحترام، وأخ يمثل لها الخوف، والزوج يمثل لها الحب
وليم شكسبير

* الفتاة العاقلة لا تؤمن بالحب للحب ولكنها تؤمن بالحب زواج
وليم شكسبير

* عندما تبكي المرأة تتحطم مقاومة الرجل.
وليم شكسبير

* لا تسأل المرأة عن ثلاثة: 1- امرأة أجمل منها. 2- عمرها. 3- وماضيها.
وليم شكسبير

* دمعة المرأة لو تجمدت أصبحت أجمل لؤلؤة.
وليم شكسبير

* المرأة العاقلة لا تغار، قيل له ولماذا؟ قال: لان الغيرة أعتراف بأن هناك امرأة أجمل منها
وليم شكسبير

* ثلاثة أمور تزيد المرأة جمالا: 1- الادب. 2- والعلم. 3- وخلق حسن

تكملة شكسبير على صفحة ٦١

وليم شكسبير

* سلاح المرأة في الدفاع صراخها ، وسلاح الهجوم فيها سكوتها ، وسلاحها من جد الهها ابتسامتها .

وليم شكسبير

* أغبى امرأة تستطيع أن تخدع أذكى رجل ، وأذكى امرأة تخدع بسهولة من أغبى رجل .

وليم شكسبير

* المرأة العظيمة تلهم الرجل أما المرأة الذكية .. فتثير اهتمامه بينما تجد المرأة الجميلة لا تحرك في الرجل أكثر من مجرد الشعور بالإعجاب ولكن المرأة العطوف ، المرأة الحنون .. وحدها هي تفوز به في النهاية

وليم شكسبير

* أربعة لا تكن قاسياً معهم أبداً : 1- المرأة ، 2- الطفل ، 3- خادم ، 4 - ومن أتاك معتذراً

وليم شكسبير

* المرأة مثل الزهرة ، إن اقتلعت من مكانها توقفت عن الحياة .

وليم شكسبير

* بين شفتي المرأة كل ما في الدنيا من سم وعسل .

وليم شكسبير

* لا يحتمل جنون الأنثى وغيرتها إلا رجل أحبها بصدق .

وليم شكسبير

* المرأة كوكب يستنير به الرجل ، ومن غيرها يبيت الرجل في الظلام .

* الدنيا قلب الرجل والقلب دنيا المرأة .. المرأة ترى أعمق بينما يرى الرجل أبعد .

* ثلاثة أشياء لا تتفق مع المرأة : 1- الاعتراف ، 2- السر ، 3- الصمت

* في الحب تسأل المرأة هل الرجل كتوم للسر ، ويسأل الرجل هل المرأة جميلة

* تهب المرأة قلبها بكل سهولة إلى الرجل ، ولكن لا تستطيع أن تسترده إذا أرادت بنفس السهولة .

* المرأة لغز مفتاحه كلمة واحدة وهي الحب . وليم شكسبير

أسحاق نيوتن .

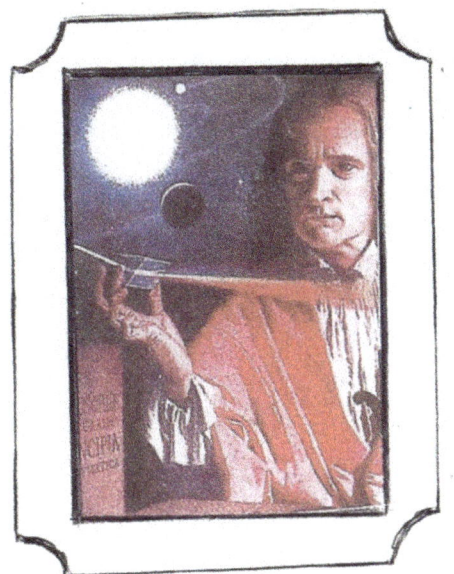

ISAAC NEWTON .

إسحاق نيوتن أقواله وكلماته

* لكل فعل رد فعل مساوي له في القوه ومضاد له في الاتجاه *

* من الثقه أن تصمت عندما يستهزئ بك الآخرين لأنك تعرف من أنت ومن هم *
إسحاق نيوتن

* أحياناً تكون الوحده بسبب عدم القدره على تحمل هراء الناس *
إسحاق نيوتن

* الأخطاء ليست في الفن بل في صانعي الفن *
إسحاق نيوتن

* الجاذبيه ليست مسؤله عن وقوع الناس في الحب *
إسحاق نيوتن

* عندما تتحد قوتان تتضاعف كفائتها *
إسحاق نيوتن

* إذا كانت رؤيتي أبعد من الآخرين فذلك لأنني أقف على أكتاف العمالقه *
إسحاق نيوتن

* بإمكاني حساب حركة الكواكب الأجرام السماويه ولكن ليس جنون البشر *
إسحاق نيوتن

* أفلاطون صديقي وارسطو صديقي ولكن أعظم أصدقائي هو الحقيقه *
إسحاق نيوتن

* قوتي عاديه فقط طلبي يجلب لي النجاح *
إسحاق نيوتن

* أنني جاهل لا أعرف إلا حقيقه واحده وهي أنني لا أعرف شيئاً
إسحاق نيوتن

64 تكمله على صفحه

* ٤ * أ * ح *

تكمله اسحاق نيوتن من صفحه ٦٢

* تتوحد الحقيقه دائماً كما في البساطه، وليس في كثره وتعقيد الاشياء *

أ اسحاق نيوتن

* اللباقه، هي من تجيد تقطه دون تكوين عدو *

اسحاق نيوتن

* نحن نبني كثيراً من جدران، ولكننا لا نبني ما يكفي من جسور *

اسحاق نيوتن

* يمكن قياس حركه الأجسام، ولكن لا يمكن قياس الحماقه البشريه *

اسحاق نيوتن

* الوصول الى ابسط حقيقه، يتطلب سنوات من تأمل *

اسحاق نيوتن

* الحقيقه، هي بسبب الصمت، والتأمل *

اسحاق نيوتن

* عليك أن تضع القواعد، لا تتبعها *

اسحاق نيوتن

* عندما يكون كلاهما صديقين، فمن الصواب نفضل حقيقه *

اسحاق نيوتن

* محيط الحقيقه العظيم، كان كل شيء غير مكتشف *

اسحاق نيوتن

---

* معنى الفلسفه في كلمه الفلسفه جاء من كلمه اليونانيه الاغريق philosophiya

- AHIQR -

أُحيقار
الحكيم
الأشوري

الوزير الآشوري أحيقار

AHIKAR
ASSYRIAN .

* ⌐ و * ⊥ ﻟ *

حكم وأقوال الوزير الآشوري أحيقار   أحيقار

Anciet Assyrian Wisdom revealing E wisdom the Wisdom and Say of Ahiqr

* لا تنظر إلى الماء وأنت تجوع، ولا تستطيع أن ترى وجهك بوضوح،

* الثقة هي جواز سفرك من رحلة الحياة   أحيقار حكيم

* عندما تبني جسراً ابن أعلاه بقدر لكي لا ينهار تحت قدميك   أحيقار حكيم

* كن مثابراً في طلب المعرفة، فأنها كنز لا ينفد   أحيقار حكيم

* الحكمة هي أساس القوة، والعلم هو أداة التغير   أحيقار حكيم

* أن الصبر نافع محقق ورفيق طيب في كل مكان   أحيقار الحكيم

* الجمال يكمن في التنوع والتنوع هو نفس الحياة   أحيقار الحكيم

* الأمور الصغيرة هي التي تصنع الفارق الكبير   أحيقار الحكيم

* إذا كنت تريد أن تردها فازرع الأفكار الجيده في عقلك   أحيقار الحكيم

* عندما تضيء شمعه لشخص آخر لا تفقد نورك بل تزداد إشراقاً   أحيقار الحكيم

تكمله أحيقار الحكيم على صفه 67

تكملة أحيقار الحكيم من الصفحة ٤٧

* الحكمة تجعل من المستحيل شيئاً واقعاً. أحيقار
* لا تحكم على الآخرين بناءً على مظاهرهم، فالكنز الحقيقي يكمن داخلهم. أحيقار.
* أستخدم قوتك بحكمة، فقوة غير مبالية هي ضعيفة. أحيقار
* المشاكل هي فرص للتعليم والنمو، وليست عقبات للفشل. أحيقار
* كن صبوراً مع الأشياء التي لا يمكن تغييرها، وكن جريئاً في تغيير ما يمكن تغييره. أحيقار
* العمل الجماعي يبني الأمم، والأنقسام يؤدي إلى الضعف. أحيقار
* عندما تتحدث، تحدث بحكمة، فالكلمة لها قوة فائقة. أحيقار
* الاستماع بعمق هو مفتاح التفاهم والتواصل الحقيقي. أحيقار
* الشجاعة هي أن تواجه المخاوف وتتحداها، لا أن تكون بلا خوف. أحيقار
* العقل المنفتح يتلقى المعرفة ويزدهر، بينما العقل المغلق يظل في حدوده. أحيقار
* أحترم الآخرين كما تريد أن تحترم.
* لا تدع الفشل يحدد هويتك، بل أستخدمه كدافع للنجاح
* الصدق هو أساس الثقة وبناء العلاقات القوية.
* ابحث عن الحكمة في كل شيء حولك، حتى في أصغر التجارب.

تكملة كلمات أحيقار في صفحة 78

* لا تجعل المال هو هدفك النهائي ، بل اجعله وسيلة لتحقيق أهدافك.

أحيقار الحكيم

* العطاء يأتي بمزيد من السعادة من الأخذ للأناني.
*

حيقار الحكيم

* استمتع بالطبيعة واحترمها فهي جزء من هويتنا وتراثنا.

أحيقار الحكيم

* لا تهدر وقتك في الندم على ، بل تعلم منه وتقدم في الحاضر.
* القوة الحقيقية هي أن نمنح الآخرين الفرصة ليكونوا قويين أيضاً.
* اعمل بجد وكن مثابراً فالجهد المستمر يؤدي إلى النجاح.
* الكرم هو عطاء الآخرين بلا حدود وبلا انتظار المقابل.
* لا تحكم على الكتاب من غلافه ، بل اقرأ وتعمق لتكتشف جمال الروح.
* العقل الهادي يبحث عن الحلول ، بينما العقل المنفعل يراهن على مشاكل
* اسأل قبل أن تحكم ، واستمع قبل أن ترد.
* النجاح ليس محطة وصول بل رحلة استمرارية
* الانفراد الفكري يتيح لك فهم الأمور بصورة أوضح وأعمق
* العقل الواعي يحتاج إلى راحة وهدوء لينمو ويستفيد من تجارب
* قوة الإرادة هي ما يجعل الإنسان يتغلب على الصعاب ويحقق نجاح.
* النجاح يتطلب الاستعداد والتخطيط والعمل الجاد
* الكرامة هي أعلى درجات النجاح ولا تتحقق بالغش والخداع.

تكملة أحيقار في صفحة 50.
3:03 AM Wed. Nov. 8. 2023

* عاشر الحكيم فإنك تصبح حكيماً ولا تعاشر طويل اللسان والمهذار فإنك تفقد واحد منهما *

* أمسك خمرك على العبور الصالحين فإن هذا أفضل من أن تشرب مع الصالحين *

* كل نصيبك ولا تبهر بجارك *

* أخضع ابنك وهو بعد طفل أن يقوى قبل قوته وشده فيتمرد عليك وتخجل من كل أعمال السوء التي يعملها *

* أذا جاءك عدوك بالشر جاوبه بالحكمة *

* حين الخبز لا تأكله مع قليل الحياء *

* لا تعل سيدي جاهل ومغفل وأنا عاقلا وحكيم بل أمسكه متلبساً بأخطائه تنل رحمه ورضا منه *

* لا تكذب أمام سيدك كي لا تحتقر وتقطع إليك عن *

* لا تتعامل من عبداً من عبيدك أحسن من معاملتك لصاحبه فإنك لست تدري أيهما ستحتاج آخر الأمر *

* إرم حجارة على الكلب الذي يترك صاحبه ويجري خلفك *

* لا تحسبن نفسك حكيماً عاقلاً إذ لم يحسبك الناس حكيماً عاقلاً *

* أرسل رسولاً حكيماً ولا توصه وإن كنت ترسل جاهلا فأفضل ان تذهب أنت بنفسك *

* لا تدع صاحبك يدوس على رجلك لئلا يدوس على رقبتك *

* أقض في شبابك قضاء عادلا كي تنال وقاراً في شيبتك *

* علم ابنك الجوع والعطش حتى يدبر بيته كما ترى عيناه *

* إذا سمعت كلمة سوء فادفنها في أرض على عمق سبعة أذرع *

* الجوع يحول من المر حلوا * لا تجلب عليك لعنة ابيك وأمك فإنك لن تفرح بنعمة بنيك * أحفظ الكلام في قلبك أفضل للشر فإن عندما تقص ما في صدرك تخسر صديقك *

تكملة احتقار الحكم من صفحة 70

تكملة أحيقار الحكيم من صفحة ٦٩ أقواله وحكمه : 70

* لا تدخل إلى حديقة العظماء . ولا تقترب من بنات العظماء *

أحيقار الحكيم

* لا تفرح بموت عدوك *

أحيقار الحكيم *

* أن عين الإنسان كنبع ماء ، لا تشبع من المال حتى تمتلئ تراب *

أحيقار الحكيم

* لا تتردد في أن تتزوج امرأة فإنه إذا أتعست في زواجها ألعنتك ، وإذا نجحت وسرت فإنها لا تذكرك *

أحيقار الحكيم

* إذا أردت أن ترفع من شأنك ، تواضع أمام الله الذي يذل المتكبر ويرفع المتواضع *

أحيقار الحكيم

* لا تكن حلوا فيبتلعك الناس ولا تكن مرا فيبصقك الناس

أحيقار الحكيم

* أن القطيع الذي يسلك مسالك عديدة يصبح فريسة الذئاب
* لا ترنُ بامرأة صاحبك لئلا يرنُ آخرون بامرأتك *
* عندما ترى رجلا أشد منك بطشا قم من أمام وجهه *
* لا تركض رجلك وراء صاحبك لئلا يشبع منك فيبغضك *
* لقد ذقت مر الحنظل ولكني لم أجد أمر من الفقر *
* لا تسر في طريق بدون سلاح فإنك لست تدري متى يلقاك عدوك *

Wed. Nov-8-2023 . الأحيقار ١٠١

الكندي

ALKINDY

العربي

Arbic

أبو يوسف الكندي

عالم عربي في الفكر والفلسفة والفيزياء والكيمياء والرياضيات وعلم الفلك

* العقل جوهر بسيط مدرك للأشياء بحقائقها * الكندي
* لا يمكن القراء أن يفهموا إلا لغة المدفع والرشاش * الكندي
* علينا أن نأخذ الحقيقة من أي كان، سواء كان مشاركا لنا في الملة أو لا * الكندي
* لا يمكن علينا أن نخجل من الاعتراف بالحقيقة مهما كان مصدرها حتى وإن كانت من أقوام سبقونا أو من أجانب، فلا يوجد شيء أكثر قيمة للشخص الذي يبحث عن الحقيقة من الحقيقة نفسها * الكندي
* امتنع السلاح من متعصب عليه الحقيقة بالمبدأ أو الرفق بالمماثلة * الكندي
* الحقيقة لا تفسد ولا ينبغي التقليل من شأن الباحث عنها * الكندي
* الثبات والدوام معدومان * الكندي
* كل محدود حقيقة في حده *

أبن سينا
العربي

ibn Sina.
Arbic.

حكم واقتباسات وأقوال ابن سينا.

* العقل السليم في الجسم السليم هو أحد أهم النعم*
ابن سينا

* العلم هو أحد أهم النعم*
ابن سينا

* 3 الحكمة هي اعتقاد مستنير*
ابن سينا

* التفكير هو الحديث الصامت*
ابن سينا

* الصداقة تزرع الورود في القلوب*
ابن سينا

* الحكماء يستمعون بالوقت في كتبهم*
ابن سينا

* التواضع يفتح الأبواب أمام الحكمة*
ابن سينا

* العلم هو الشمس التي تضيء الطريق.*
ابن سينا

* الأمور الجسدية تؤثر على الأمور الروحية.*
ابن سينا

* السعادة تكمن في التوازن والاعتدال.*
ابن سينا.

ابن سينا.

نهاية حكمة وحكمة

الخوارزمي

حكم وأقواله

* العلم هو مصباح يضيء درب الإنسان في الظلام *
الخوارزمي
* العلم لا يحقق بسهولة، يجب الصبر والاجتهاد لتصل الى مرامنا
الخوارزمي
* النجاح في العلم يتطلب الاستمرار في التفكير العميق *
الخوارزمي
* العلماء هم بناة المجتمعات والأمم *
الخوارزمي
* لا يكتب اسم الانسان في سجل العلم إلا بجهده وتفانيه *
الخوارزمي
* العقل هو أعظم أداة لدينا لاستكشاف أسرار الكون *
الخوارزمي
* الرياضيات هي لغة الكون ومن خلالها نستطيع فهمه بشكل أفضل *
الخوارزمي
* لن يتم تحقيق التقدم في أي مجال من دون التفكير الابداعي *
الخوارزمي
* يجب على الانسان أن يكون مفتوناً بجمال العلم والمعرفة *
الخوارزمي
* العلم يمكن أن يفتح أبواباً جديدة للفهم والتطور في مجتمعنا وحياتنا *
الخوارزمي

الله أومن في الوجود وعظمته ٤٠*٢

2:13 AM
Thu * Nov. 8 - 2023
ب * ٩ * ل

النهاية حكمته

B * E * J * * ٨ * ٢ * ح
J * E * B *

أومن بالله
ومن وجوده
٢٠٢٤ م

I Do Believe
in GOD & Exist

الإمام
علي بن أبي طالب

Ali ibn Abi TaLib.

* J * E * B *

أومن بالله
ومن وجوده
٢٠٠٩م

I Do Believe
In GOD & Exist

الأمام
علي بن أبي طالب

الصدق والأمانة أساس هما الثقة والاحترام
وبدونهما لا يمكن بناء علاقات صحية
ومستدامة.
Honesty and trustworthiness are
the foundation of trust and

ALi ibn Abi TaLib.

J*E*B
جوزيف عزيز بك

حكم وتشهير الإمام علي ابن أبي طالب

Ali ibn AbiTaLib. رضي الله عنه

* تحمل نفسك ، تحمل نفسك في كثير من الأحيان.
* Take Care of yourself, Take Care your of Self often.

* أكثر الناس كلاما وقليلا من يعمل ، وأكثرهم وعودا وقليلا من يفي بوعده
* Most people take More & do Less, & most of them make promisse and fulfil few.

* الإنسان مثل ما يكسب ، وليس مثل ما يقول ، فإن كثرة كلامه خيرا فكسبه خير ، وإن كان كلامه شرا فكسبه شر
* Aperson is What he earns, Not What he Says. If his Words are good, then his ernings are good & if his Words are bad then his ernings are bad.

* الصدق يولد الثقة ، والثقة تولد العلاقات الحميمة
* Truth breeds trust, & trust beeds intimate relation-ships.
علي ابن أبي طالب.

* الحياة مدرسة ، وكل يوم درس ، فمن لم يتعلم شيئا منها فهو أحمق
* Life is a School, & every day is a lesson If you dont Learn anything from it, you are a fool.
Ali ibn Abi taLib.

* إذا أردت قيمة الشخص ، فانظر إلى ماذا يفعل ، وليس إلى ماذا يقول
* If you Want to assess a persons Value, Look at What he does, Not What he Says.

* إن العقل الواعي يعتبر أفضل وسيلة للسعادة في دنيا والآخرة.
* Consciousness is the best means of happiness in this World and the hereafter. Ali ibn Abi taLib.

* الصبر هو مفتاح الفرج ، واليأس هو مفتاح الهلاك
* Patience is the key to relief, & despair is key destruction.
Ali ibn Abi talib.

تكملة على صفحة ٧٩ ، 79 ، ٧٩

تكملة أقوال والحكم الإمام علي إبن أبي طالب.

* الحرية هي أختيار الخير وترك الشر وليست تفعل ما تشاء.

*Freedom is choosing good & Leaving evil, not doing Whatever you Want.

علي بن أبي طالب

* عليك بالصدق والأمانة فإنهما يجعلانك محترماً في نفسك وفي نظر الآخرين. علي بن أبي طالب

* You Should be honest and trustworthy, As they make you respected by yourself and Others.

* المال لا يدوم، والجمال يتلاشى، ولكن الخلق الحسن باقٍ إلى الأبد.

* Money does not Last

علي بن أبي طالب

* الحكمة هي أن تعرف متى تتكلم ومتى تسكت ومتى تفعل ومتى تترك

* العافية نعمة تقدر بثمن، فلا تضيعها بالتقصير في عناية بالجسم والروح.

* الأصحاب هم أساس الحياة، فلا تدع الكراهية تدمر علاقاتك معهم.

* النجاح هو أن تعمل بجد وتصبر وليس يحصل على كل شيء بسهولة

* الخير موجود في كل شخص، بناءً على مظاهرهم الخارجية

* العلم هو السلاح الأقوى للإنسان، فابحث عن العلم واستمر في التعلم طوال حياتك

* الاعتدال هو مفتاح للحياة السعيدة، فلا تترك الرغبات الزائده ولا تقطع الدنيا بالمرة

* العقل الفرعي الذي يتحكم في مصير الإنسان وليس ظروف خارجية

* الصدق والأمانة أساس هما ثقة واحترام وبدونهما لا يمكن بناء علاقات صحية

* التفكير الإيجابي هو مفتاح للنجاح وسعادة فلا تدع الأفكار 12:52AM ومستدامة

1.

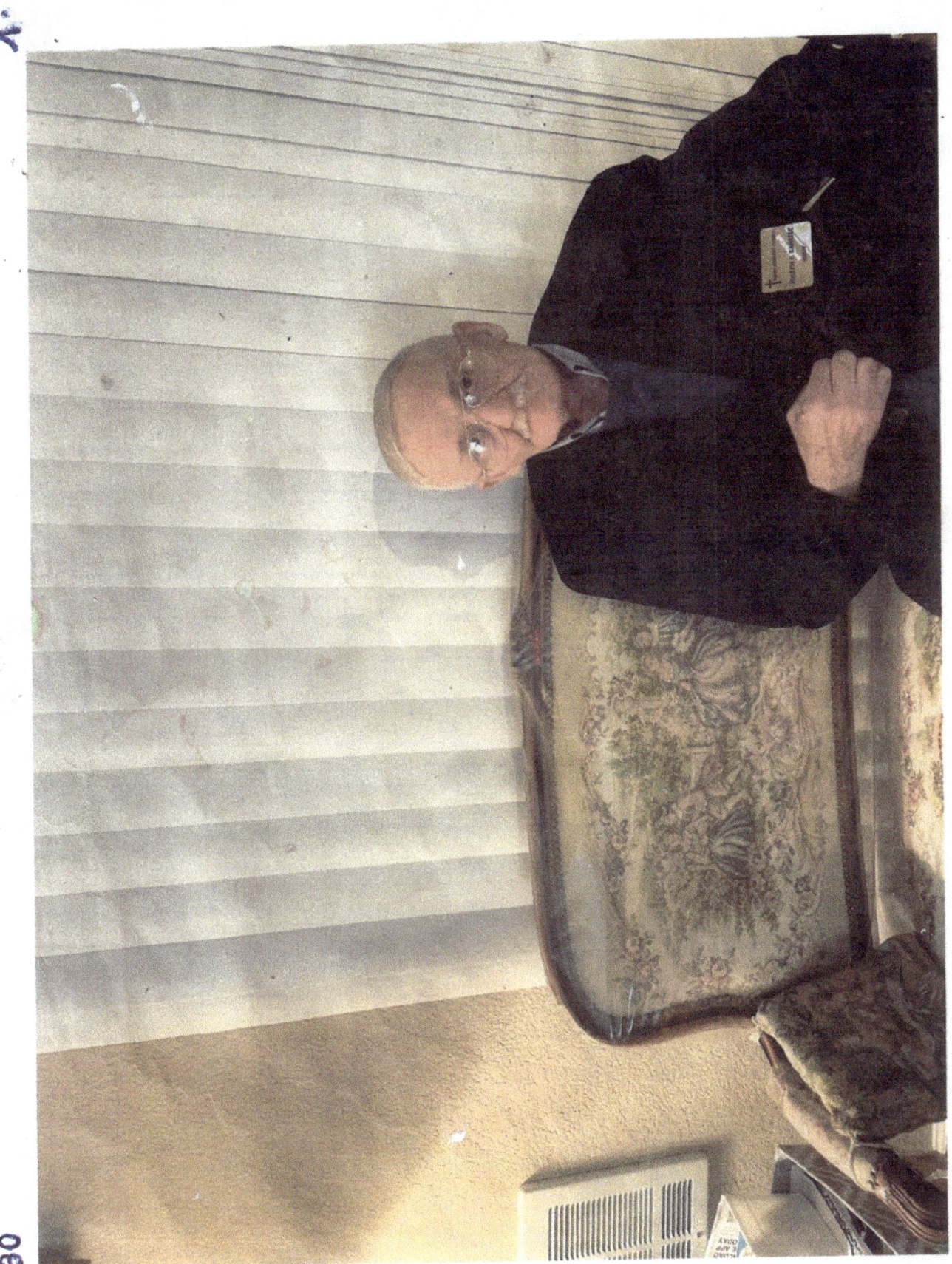